最后的士大夫

沈从文与汪曾祺

ZUI HOU DE SHI DA FU

SHEN CONG WEN YU WANG ZENG QI

陶方宣◆著

新 华 出 版 社

图书在版编目（CIP）数据

最后的士大夫：沈从文与汪曾祺 / 陶方宣著. —北京：新华出版社，2016.7

ISBN 978-7-5166-2610-8

Ⅰ. ①最… Ⅱ. ①陶… Ⅲ. ①沈从文（1902—1988）—传记 ②汪曾祺（1920—1997）—传记 Ⅳ. ①K825.6

中国版本图书馆CIP数据核字（2016）第141345号

最后的士大夫：沈从文与汪曾祺

作　　者：陶方宣

选题策划：蒋小云　　**责任编辑：**蒋小云
责任印制：廖成华　　**封面设计：**李尘工作室

出版发行：新华出版社
地　　址：北京市石景山区京原路 8 号　　**邮　　编：**100040
网　　址：http：//www.xinhuapub.com
经　　销：新华书店
购书热线：010-63077122　　**中国新闻书店购书热线：**010-63072012

照　　排：李尘工作室
印　　刷：北京凯达印务有限公司
成品尺寸：165mm×230mm
印　　张：15.5　　**字　　数：**200千字
版　　次：2016年9月第一版　　**印　　次：**2016年9月第一次印刷

书　　号：ISBN 978-7-5166-2610-8
定　　价：28.80元

目录

第二章 女人们

第三章 流水故乡

序　斜阳里，最后一抹余晖

沈从文和汪曾祺这一代文化人，常常被人们称为“最后的士大夫”，是最后的一代，也是最后的几位——寥落的、寂寞的，像黎明寒星；又如同初冬落日，已经沉没在地平线下，暮色苍茫的西天，却残留着最后一抹余晖。

他们是典型的中国文人，旧式文人，固守着一份君子的愚直和文人的澹泊，坚守着一份孕育于农耕的虔诚与传统的纯真，是士大夫的传统，链接于遥远而又遥远的文脉。在漫长的专制时代，文脉就是一个民族的血脉，它是不断的，就如同人的血脉不可断裂，生命靠它维系，文化、文明靠它承传。或者说，它就是文化与文明的本身。可是，新的时代注定要来临，那种走马灯式的花红热闹不属于他们，那种推杯换盏的茶酒吃请也不属于他们，他们也打心底排斥。自然，这样的人珍稀动物般濒临绝境，红极一时的热门人士不会瞧得上，他们正得宠，奔着自己的锦绣前程。而一般的市民也不理解这些人，自己的柴米油盐已够操心烦神，谁有空在意那些既梗且愚的夫子？这最后的一代就这么慢慢消亡——就如同沈从文笔下那一条条蓝带子一样的清清流水，就如同汪曾祺笔下的那一片芦花飘飞的汤汤大淖。他们本来就如同一条条小鲤鱼，活泼游荡于水清草绿的春江里，如同黄梅戏里唱词：“小小鲤鱼红红腮，上江游到下江来，上江吃的金丝草，下江吃的水青苔——”可是，大淖渐渐就干了，青江慢慢就枯了，这些小鲤鱼都成了涸泽之鱼，哪里能活下去？鱼和水的关系就是人与时代的关系，时代全变了，人自然也得随之演变。这么说其实不对，新的人群出现就是一个全新的时代在嬗变，时代除了鲜活的人物，它就是空壳。你看看这个时代的当红角色，他们身上哪里能觅到一丁点士大夫的影子？

这才是沈从文与汪曾祺的价值所在，这才是人们喜爱沈从文和汪曾祺的原因，也是我写这本《最后的士大夫》的理由。顾城说：“每次去北京作协开会，整个会场有一双眼睛最聪明，那就是汪曾祺的眼睛。”那纯真的、孩子式的透明眼神，是没有被灰尘遮蔽的心灵的投射，这就是灵气，来自于山川草木，也来自于日月星辰，灵气最终衍化为文墨之气，感化众生。沈从文得灵气之先，他传染给了弟子汪曾祺。他们一个是另一个影子，一个是另一个母本，一个是另一个原版，一个是另一个底片——风气就这样在氧气稀薄之地单个承传，而他们的源头，分明是流水丰沛的大江大河，沈从文的源头是先祖周文王，而汪曾祺的源头则是文风浩荡的古徽州。满盈的流水就这么浅了细了，眼看着就要断了。但是，即便是斜阳，即便是余晖的最后一抹，因为它曾经如此绚烂，我们还是可以把它当作彩霞来看。彩霞满天，虽然注定会要消失，但它毕竟千真万确存在过。

第一章　偶像沈从文

『沈先生对美有一种特殊的敏感，他对美的东西有一种炽热的、生理的、近乎肉欲的感情。美使他惊奇，使他悲哀，使他沉醉。』

——汪曾祺

菩提庵和荸荠庵

沈从文像一场雨，一场春天的雨，一场从天而降的雨水，绵绵密密地下着，从头到脚将汪曾祺淋得透湿。他哆哆嗦嗦的，似乎感冒了，生了一场病—— 一场叫文学的病，一生未愈。

人的命运很奇怪，你偶然看到一本书，一目十行地翻了一遍；或者，某天在旅途萍水相逢一个人，一番有口无心的交谈，你的命运或许就完全改变了，这真是令人匪夷所思的事。说改变命运也许不准确，因为他的命运本来就该这样走的，冥冥中发生的一切全是命中注定——看到这本书，或遇上这个人，这就是命中注定。所有的人全都是棋子，被命运之手无情操弄，一直到他过完此生偶然回眸时，才会看到他一生最完整的生命轨迹。

汪曾祺最初相遇“沈从文”，是在离高邮不远的一个叫荸荠庵的地方。说荸荠庵可能过于书面化，它后来被汪曾祺写入小说，这篇小说叫《受戒》——写一个叫小英子的小姑娘和一个叫小明子的小和尚的青涩初恋。汪曾祺在文末写道：“记四十三年前的一个梦。”这个透明的露珠一样的梦境，就发生在荸荠庵——它真实的名字叫菩提庵，汪曾祺在《受戒》中如此描述它：

图1：高邮北乡昌农村的慧园庵，也就是当年汪曾祺躲避战乱的菩提庵，也就是他小说《受戒》里的荸荠庵。

“这个地方的地名有点怪，叫庵赵庄。赵，是因为庄上大都姓赵。叫做庄，可是人家住得很分散，这里两三家，那里两三家。一出门，远远可以看到，走起来得走一会，因为没有大路，都是弯弯曲曲的田埂。庵，是因为有一个庵。庵叫菩提庵，可是大家叫讹了，叫成荸荠庵。连庵里的和尚也这样叫。宝刹何处？荸荠庵。庵本来是住尼姑的，和尚庙、尼姑庵嘛。可是荸荠庵住的是和尚，也许因为荸荠庵不大，大者为庙，小者为庵。”

汪老写庵赵庄写荸荠庵，看似廖廖几笔不着笔墨，但是这个村庄对于他的意义却异乎寻常地重要，换句话说，庵赵庄对他是有恩的。也可以这样说，庵赵庄的荸荠庵在他生命里占据着相当重要的一页，小得像荸荠一样的庵堂不仅在那个战火纷飞的年代收容了他，更因为这里的物事给他留下了美好的回忆，让他写出了著名小说《受戒》，也让他在这里相逢到沈从文——当然，这里的沈从文只保留在纸上，汪曾祺还不曾和他见过面。那时候，他只是个懵懂少年，青涩的瘦弱的少年，在江阴南菁中学读书。本来打算一路读下去，但是很快风云突变，日本人占领了江阴，整个江北危在旦夕，包括他的家乡高邮。眼看着高邮保不住了，祖父和父亲带着他“跑反”，一家人就来到这个离高邮很远的乡村——荸荠庵，并且一住就是半年。并且在这里，母亲还给他生了一个弟弟。

汪曾祺在《受戒》里这样描写荸荠庵：“荸荠庵的地势很好，在一片高地上。这一带就数这片地势高，当初建庵的人很会选地方。门前是一条河，门外是一片很大的打谷场。三面都是高大的柳树，山门里是一个穿堂，迎门供着弥勒佛。不知是哪一位名士撰写了一副对联：大肚能容容天下难容之事，开颜一笑笑世间可笑之人。弥勒佛背后，是韦驮。过穿堂，是一个不小的天井，种着两棵白果树。天井两边各有三间厢房。走过天井，便是大殿，供着三世佛。佛像连龛才四尺来高。大殿东边是方丈，西边是库房。大殿东侧，有一个小小的六角门，白门绿字，刻着一副对联：一花一世界，三藐三菩提。”

从热闹的城里来到幽静的乡村，放下枯燥沉闷的学业和乡下野孩子疯打疯闹，汪曾祺如同一条小鲤鱼活泼泼地游荡在春江里。乡村的一切在他眼里都很新鲜，庵赵庄的村民，还有菩提庵里那些和尚们，那些会打牌、会杀猪，还会唱情歌、并且也有老婆的和尚们，给少年汪曾祺打开一道窥探民间的窗子。他第一次看到民间的朴素、纯真与美好，这是他后来作品的基调，也是他人生的基调。当然，也不仅仅是这个小小的菩提庵——在庵赵庄那半年里，他接触最多的是庵子附近的一户人家。户主姓赵，住的地方像个小岛，三面都是清清流水，长满蒲草和芦苇，只有一条青草覆盖的小路蛇一样通往菩提庵。赵家的赵大伯是个做农活的好手，会罩鱼、箍桶、绞麻绳和洗磨。她的女儿就叫小英子，是个眼神清亮、活泼好动的乡下姑娘，是和城里的小姐完全不一样的姑娘，后来汪曾祺添了小弟，小英子还来汪家做了小保姆。

汪曾祺其实真实的身份还是学生，来菩提庵他只带了两本书，一本是屠格涅夫的《猎人笔记》，一本就是上海一家书店盗印的《沈从文小说选》。水乡那么幽静，日月那么漫长，在这个封闭的流水之上，他又无事可做，除了钓鱼，除了和小英子玩笑，他唯一能做的，就是阅读屠格涅夫和沈从文。这两本书让他翻烂了，特别是沈从文的小说，那些水手、强盗和青楼妇人。那些水上女孩子，翠翠、三三、萧萧和夭夭，分明就是小英子的化身，分明就是小英子。凤凰或边城，分明就是高邮或庵赵庄——乡土与流水，寂寞与温暖，人性与蛮俗，一切都是那么谙熟与亲切，他发了疯似的痴迷沈从文。就在那个时候，他朦朦胧胧地决定：将文学作为自己的终生职业，把沈从文当成一个人生坐标或理想榜样。后来，当接到同学郑景涵的来信，要报考设在昆明的西南联大时，他毫不犹豫地同意了——因为，他心目中的偶像沈从文，正在西南联大执教。如果说沈从文像一团火，那么汪曾祺就是一只趋光的飞蛾——飞蛾是一定要扑火的，这是命中注定。

小英子与小明子

趁着中秋长假我来到了高邮北乡庵赵庄——从高邮过来很近，只是现在不能坐船，这多少是一件憾事。在流水上坐一叶扁舟，顺流而下或桨声矣乃来到荸荠庵，那是一件多么优美的事情？如果再相遇小英子或小明子，这简直有点异想天开。我胡乱想着，就是这奇异的想象一路支撑着我离开红尘滚滚的上海滩，来到清凉的小城高邮，继而又寻到这个荸荠一样的村庄：庵赵庄。当然，它现在有另外一个名字，叫昌农村。

一路上，我感受的，仍然是汪曾祺笔下的水乡风情。苏北建设稍慢一拍，在乡村，原生态的水乡风情仍在，这一点让我多少有点安慰。我是熟读汪曾祺的，从高邮过来，真的就像他笔下所描写的那样："过了一个湖，好大一个湖。穿过一个县城，县城真热闹：官盐店，税务局，肉铺里挂着成片的猪，一个驴子在磨芝麻，满街都是小磨麻油的香。布店，卖茉莉粉，梳头油的什么斋。卖绒花的，卖丝线的，打把式卖膏药的，吹糖人要蛇的。"我其实更喜爱他笔下的水乡："芦花才吐穗。紫灰色的芦穗，发着银光，软软的，滑溜溜的，像一串绒线。有的地方结着蒲棒，通红的，像一枝一枝小蜡烛。青浮萍，紫浮萍。长脚蚊子，水

图2：慧园庵里的老和尚赵久海，他认识小说《受戒》中的小和尚赵明海。

图3：汪曾祺的画：《翠鸟》。

蜘蛛。野菱角开着四瓣的小白花。惊起一只青桩（一种水鸟），擦着芦穗，扑鲁一声飞远了。”

这是诗呢？还是画？是如诗又如画的绝美之境。走访高邮水乡，很多地方都能看得到如此原生态水乡，包括这个庵赵庄——尽管它现在改了名，但是流水仍在，芦苇仍在，甚至那个荸荠庵也仍在。甚至，小说中那个绰号叫小明子、大名叫明海的小和尚也在。我误以为那个叫赵久海的住持就是小说中的小和尚明海，从年龄上推测也是。但是后来赵久海住持告诉我，他不是小说中的那个明海和尚，他一九三三年出生在庵赵庄，一辈子也没有离开这个地方，小时候常在菩提庵里玩，他是认识那个小和尚，那个和尚真名叫龙海，绰号叫四和尚，很淘气，很调皮。即便在菩提庵，也没有人知道他和小英子之间的“爱情”，不知道汪曾祺是如何知道的，或者是他的美好想象，也许那时候老汪还是小汪、小小汪，小英子和小明子谈恋爱并不回避他，所以他比成年人更多是知道一些属于少年人的隐秘恋情。

赵久海领着我在菩提庵转了一圈，他说，原来的庙庵早已拆除。我闻听吃了一惊，因为在我看来，这个苍老的庙庵就是原来的那个。赵久海摇头说不是，原庵拆除后，曾在此建过农村供销社，后又改做小学。后来乡村小学撤销，赵久海领头买下这里的十一间瓦房，在谢成忠、王庆松的资助下，加上村民集资，恢复了现在的庙庵——慧园庵。现在的慧园庵面南而居，门口一条大河，打谷场已不复存在。进得庙门便是一尊弥勒佛，过了穿堂就是天井，种着几棵银杏树，一旁种着些果蔬庄稼。大殿三间瓦屋，中间供奉佛像，西边是库房堆放杂物，东边是住持念经礼佛的地方。这里好像是几十年前的场景再现一样，和汪曾祺小说里所写的场景几无二致。赵久海说：“我一直在慧园庵生活，时常出去做法事维持生计，平时也在家种些田地，日子过得平淡。我有一儿一女，他们闲来也跟着我学经，我老早看过一本书，叫《梦故乡》，在那本书里看到《受戒》，那上面介绍的样子与我小时候的记忆一模一样，我疑心作者写的荸荠庵，就是我们菩提庵，但是一直没处去打听。一直到去年，有记者来采访，我才知道，那个荸荠庵，就是我们的菩提庵、慧园庵，作者汪曾祺原来是我们高邮人，还是个大作家。”

说到汪曾祺，赵久海告诉我，他当年“跑反”来到庵赵庄，他后母任氏在这里生下弟弟汪海珊。因为无人照看，就找到佃户小英子家，请小英子来家中做保姆——小英子就是《受戒》中那个天真活泼的小姑娘，她长得特别好看，人很勤快，从一九三八年七月到一九三九年六月汪曾祺外出求学，正好整整一年时间，他与小英子生活在一起，留下极其美好的回忆。小英子后来也被找到了，她一直收藏着汪曾祺少年的照片，这一点汪曾祺完全不知道，也不记得什么时候给小英子寄过照片，但是那张少年汪曾祺的照片小英子一直珍藏到晚年。汪曾祺直到一九九三年才知道这件事，那是他的妹婿金家渝去北京，不知怎么就谈到了这张照片，金家渝说：“她一直保留着这张照片，经常拿出来看，也拿给我看过。”汪曾祺相当吃惊，一拍脑袋说：“有这回事？我怎么一点不记得了？”施松卿在一旁说：“哎呀，在高邮时怎么不说呢？我们去高邮应该去看一看她啊？下次去高邮一定记着去看她，真是难为她，一直还记着这个老头儿。”汪曾祺听着，若有所思。也许他想到了多年以前四面环水的荸荠庵，想起那个才十几岁的小姑娘，她的笑声从水上飘来——其实这纯真的笑声多年来不时在他心头飞出，这是一段难忘的记忆。当他重新执笔要写小说时，过去了的记忆像黑白底片，再一次显影。这时候他早已熟读沈从文小说，他不会忘记那篇著名的《边城》，不会忘记那个天真烂漫的小姑娘翠翠。边城其实就是庵赵庄吧，翠翠其实就是小英子。《边城》是不朽的，《受戒》也是。翠翠是不老的，也不会死去，当然，小英子也是，它们是童话，也是梦境。汪曾祺说：“《边城》是一把花，一个梦。”他在《受戒》结尾处也说：“记四十三年前的一个梦。”

隔了很多年很多年，我来到了庵赵庄，此地仍然如同梦境。汪曾祺不在，沈从文不在，只有翠翠和小英子仍然在，在流水之上，在读者心头。是一种不会被磨损、毁坏的美质，虽然缥缈，却永恒不变。

大流氓的大名片

一九三九年六月，正是南方梅雨淅沥的季节，十九岁的汪曾祺告别亲人，踏上了漫长的去昆明的路程。他的第一站是上海，坐的是轮船，家里人在高邮码头送别，汪曾祺做梦也没有想到，故乡一别就是四十二年。

轮船往扬州行驶，走的是上水，十分缓慢。他倒是不急，因为手头有那本《沈从文小说选》，再加上即将见到心目中的偶像，他显得相当从容，甚至在轮船上结识了一位和尚。和尚在上海静安寺出家，是高邮人，这次回乡是看望父母的，汪曾祺和他谈得相当投机。到上海后，和尚还请他吃了一餐素食。

当时因为抗日战争爆发，内地前往昆明一定要经过上海，而且要经过香港和越南，绕一个好大的圈子，最后才能抵达昆明。汪曾祺是同学中最后一个抵达上海的，那位热情的同学郑景涵不但邀约了一帮南菁同学同赴昆明应考，还主动帮助他们订好了去香港的轮船票。汪曾祺接过票一看，离开船时间尚有五六天，一时十分感动。因为他明白，这轮船票相当紧张，常常提前半个月也订不到，汪曾祺一路上最担心的就是这个，现在看来，他多虑了。

但是很快，问题就来了。吃晚饭时，郑景涵突然说：“这次因为要从香港转道越南，进出越南必须要有法国领事馆的签证。我们来得早，早就办妥了，曾祺，就差你一个没办了，这个别人没法代办的，所以你明天一定要亲自去办。”汪曾祺一听，急了：“那要是没有签证，我还是走不成了？”郑景涵说：“那是肯定的，不过，这个不难办的，你去一下巡捕房就行了。”汪曾祺一听，悬着的心就放了下来。

到了第二天，他起得很晚，来到巡捕房，却没有办成。那些巡捕一个个凶神恶煞的样子，听汪曾祺一说，下巴一扬：“去去去，明天再来，今天没空。”汪曾祺十分恼火，却没有一点办法。其他同学闻听，也只能干着急。这时候，离开船时间只有两天了，明天要是再办不来签证，汪曾祺真的只能放弃昆明之行了，他急得团团转，一帮同学再无心游玩，坐在旅馆里想办法。还是郑景涵有办法，他盯着一位朱同学看了半天，朱同学也莫明其妙。郑景涵说：“看来，只有小朱有办法。”朱同学说：“我能有什么办法？这巡捕房的签证，我去哪里能办得到？我要是能想出办法来，早就帮曾祺办了。”郑景涵不紧不慢地说：“还是你有办法，我说你有办法你就是有办法。”其他同学一听，就七嘴八舌地说：“有什么办法你倒是说啊？时间不等人了。”郑景涵这才说：“我听小朱说过，他父亲是上海名医，曾经帮助黄金荣看过病。黄金荣是什么人相信大家不要我说了吧？他们巡捕房小巡捕，谁敢不听黄金荣的话？现在没有办法了，只能请小朱回家求一求朱伯父，让他出面跟黄金荣打个招呼。我想，只要黄金荣一出面，此事保证马到成功。”

同学们都认为这件事可行，小朱回家一说，朱伯父一片热情，马上就提笔给黄金荣写了一封信。汪曾祺拿着这封信来到巡捕房，那巡捕房真大啊，仅仅门房间就是一个大大的客厅，里面坐着一大排白鞋子、黑领带的巡捕，一个个直挺挺地坐着，还是那副凶神恶煞的样子。这次有了朱医生的信，汪曾祺有了几分底气，他将信递上去。巡捕的态度马上大变，让他在一旁等着，将信拿进去。过了几分钟，巡捕又出来，手里拿着一张大大的名片递给汪曾祺。那张名片很大，有一本书那么大，那是汪曾祺此生见过的最大的一张名片，上面只有又黑又粗的三个字：黄金荣！

汪曾祺拿着这张大名片又来到办签证的房间，那个总说“今天没空，明天再来”的家伙扫了一眼，气都不喘一声，立马给他办了赴越南的签证。后来汪曾祺回忆往事时，这样说：“黄金荣的流氓势力真的很大。”其实，从某一角度来说，没有黄金荣，就没有他汪曾祺，流氓大亨那一张大大的名片，开启了汪曾祺的昆明之旅，也开启了汪曾祺的文学之旅。人的一生，会遭到许多意想不到的事情，好运或厄运，你无法选择，只能承受。一个好人可能无意中毁了你，一个坏人也可能无意中帮了你，每一个人都是命运的奴隶。

破烂不堪的联大校园

二十天后来到梦想中的昆明西南联大，没想到这一看，心情就一落千丈，那个名声振天的西南联大，破烂不堪，实在让他看不下去，理想中天堂一样的地方，怎么会是这样？

首先看到的是那个校门，极简陋的校门，用木板钉成，不施油漆，裸露着白茬。门楣上有一行横书：国立西南联合大学。进门就是泥巴路，去的那天正好下雨，路上一片泥泞，一不留神就要滑倒。抬头一看，心都凉了半截：宿舍就是农家草棚，土墙草顶，长长的一溜，两头都有门出入，空气倒是可以流通。所谓的窗户，就是土墙上扒出个洞，直插着几根带皮的树棍，当然不见玻璃和窗纸，大概到冬天就在窗户上塞把草，春天将草取下来。进去一看，里面靠墙放着两大排双层木床，一间可住几十人，这么多人睡一屋，能睡得好吗？汪曾祺颇为担心，但是也没有办法。一圈看下来，他忧心忡忡。不久，他生病了，发着高烧。这时候离考试只有两三天了，既然吃尽苦头跑来，总得要考吧？何况，不考进联大怎么能见到偶像沈从文呢？他就是拖着生病的身体，也没费太大的工夫，就考取了联大，而且是凭第一志愿录取在联大文学系。这时候离开学还有一个月的时间，想到即将见到沈从文，汪曾祺慢

图4：西南联合大学校门，看上去有点简陋。

图5：当年西南联大远眺，像是一个村庄。

慢好起来，成天在昆明泡图书馆，游翠湖，下馆子，就是一个字：玩。

好不容易熬到开学，沈从文见到满校园衣着破烂不堪的学生，当然都是男生，汪曾祺想也想不明白，那些学生怎么穿得跟叫花子似的？他们绝大多数都是衣衫不整，肮脏不堪，似乎是经过漫长的流浪才来到西南联大的，本来确实也是如此。有的人衣服破了，也没有针线缝补，只好随便从哪里找一根细绳，把破洞处系成一个疙瘩，只要不露出肉来就行。头一天到食堂吃饭，天哪，那饭哪是人吃的。他拿着碗还没进食堂，就看到有同学捧着空碗出来。汪曾祺问他："还没开饭吗？"那同学苦眉愁脸地说："开了。"汪曾祺很好奇："那你怎么拿着空碗往回跑啊？"同学说："你进去看看，那饭哪是人吃的啊？"同学撂下话扭头就走了，汪曾祺想不明白：饭不是人吃的？他狐疑地进了食堂，看到打饭的同学们都在交头接耳，等他将饭端在手才发现，那饭真不是人吃的。首先是一股霉味，还没吃就闻到了那股浓浓的霉味。米淘过了饭煮熟了，那股子霉味还没有消散，你可以想见，那米有多陈有多霉。再用筷子扒拉开，他也不想吃了，米饭里面，谷、糠、秕、稗、石、砂、老鼠屎，要啥啥都有，再加上米，正好八样，有同学当场大声喊："天哪，这是八宝饭啊。"大家哄堂大笑。但是再难吃也得吃啊，汪曾祺饿得不行，想想口袋里钱不多了，他不舍得倒，坐在门外树下慢慢吃，慢慢咽，大约花了一个钟头，才将那碗米饭吃完。

吃得如此差，住的也差，偏偏头天晚上下大雨，汪曾祺听人说下雨了，也不在意，他知道这是草房子，但是他不知道房子会漏，因为是新草房啊，怎么会漏？当时他正在看书。要说同学们也真有生存智慧，将三张双人床重新摆成U字形，一传十十传百，很快在大统间里摆出了无数个U字，用床单将U字围起来，就成了无数个独立的小空间，这样一来就安静多了。找来几个木架子，上面铺设纸版箱，再重新钉好，就成了桌子。他就是伏在这样的纸桌上看书，雨水突然就落下来。抬头一看，冷雨哗啦一下浇了他一脸。可能是盖房的农民马虎，也许是昆明雨水实在太多，很快草房子里就漏得一塌糊涂。大家七手八脚把脸盆、水桶、饭盒，全拿出来接水，宿舍里叮叮当当响成一片，真有“大珠小珠落玉盘”之感。是夜，汪曾祺就在霉潮的床上度过难忘的一夜。他又拿起那本翻烂了的《沈从文小说选》，他在等待着沈从文，等待着与偶像相见的那一刻——他来西南联大，其实就是奔着他来的，吃点苦真的不算什么。

沈从文上课

虽说进了西南联大，并且如愿以偿地考进了沈从文执教的文学系，但是要想马上结识沈先生，却并不容易。沈从文的课是安排在二年级，刚刚入学的汪曾祺还没有资格去听他的课，但是却在校园里见了沈从文几面。

那是一个大晴天，那时候汪曾祺入学已经有一个多月了，这一个月来他也不怎么上课，成天泡在图书馆里，读得最多的当然还是沈从文，偶尔会读一读与沈从文相近的几位作家，比如屠格涅夫，比如废名。那天太阳很大，春天的太阳晒在人身上懒洋洋的。汪曾祺从图书馆里出来，正好遇上郑景涵和几个同学，几个人正在商量到哪儿吃个饭，因为食堂的“八宝饭”实在吃厌了，郑景涵刚收到家里寄来的钱，口袋里有了钱，就想开个洋荤，有人要吃米线，有人要吃鸡粥，正争执不下，郑景涵用脚碰碰汪曾祺说：“你的沈先生来了。”汪曾祺吃了一惊，抬头一看，对面就走来一个穿长衫的人，他一眼就认出他是沈从文，虽然是第一次见面，却是那么熟悉，好像在哪里见过。心中想念许久的偶像就在面前，他很想上前恭恭敬敬地叫一声“沈老师”，然后深深地鞠个躬。只是这么想着，内心里一犹豫，沈从文却已走远了。郑景涵推了他

图6：学生时代的汪曾祺。

图7：年轻的老师沈从文。

一把："你不是成天把你的沈老师挂在嘴上吗？见了面又不敢出声。"汪曾祺摇摇头。后来在校园里，他时常碰到沈从文，他就是默默地看着他走远。沈从文也不看他，他不会想到，一个正值青春年少的少年人，正是冲着他的文字，从遥远的江苏小城，千里迢迢来到昆明，心甘情愿地来做他的学生，就为了做他的学生。

终于等到了二年级，也终于等到了沈从文来上课了，上第一次课时，汪曾祺还隐隐有点激动——因为沈从文的名气，课堂上有很多学生，包括一些外系的同学，他们也都出于好奇来听沈从文讲课。有几位还在下面悄悄传递着道听途说的沈从文的绯闻，说他曾经当过兵，从他的小说中看，湘西那个地方是偏远蛮荒之地，根据这两条推测，沈从文应该长得五大三粗，蛮力过人，并且有一股悍匪之气。汪曾祺听得直想笑，想纠正他们的看法，上课铃声响了，沈从文踏着上课铃走进了教室。同学们顿时安静下来，把目光全部集中在沈从文身上。那几位刚才还在争论沈从文是否"五大三粗，蛮力过人"的同学，都"哦"了一声，可以看出来，他们对沈从文有掩饰不住的失望——是有点失望，连汪曾祺也有点失望，一步之遥的沈从文和他心目中的沈先生形象，有不小的差距。这个沈从文太文弱了：一件半新不旧的蓝布长衫，罩在他那副瘦弱的身体上。面色苍白，是那种病后的苍白，眉目间有一种女孩子才有的清秀——只有那双眼睛接近汪曾祺的想象：明亮有神，闪闪发亮。

同学们屏住呼吸，等待着沈从文授课，这时候，一件意想不到的事情发生了：沈先生站在讲台上半天不说话。也许他不知从哪儿开始，也许他真的说不出来，五分钟、十分钟过去了，沈从文还是一言不发。同学们都紧张起来，有几个女生甚至低下头去。情急之下，沈从文提笔在黑板上写下一行字：请同学们等我五分钟。大家一看，都笑起来，以为沈从文故意幽默。沈从文在笑声中也放松下来，开始上课。

沈从文不太会上课，似乎也没有什么条理。平心而论，听他讲课远没有读他的小说散文精彩。说话听不懂也就罢了，声音又小，有时候像蚊子叫，大家都有点听不下去——慢慢的，大家对沈从文的热情淡下去，只有汪曾祺热情不减，沈从文的每一节课他都不落。在联大，他是一个吊儿郎当的学生，高兴了，就来上一堂课，不高兴了，成天泡在图书馆里翻翻闲书，或者到昆明各处走走。据说他和一个历史系的同学住上下铺，两个人因为作息时间不同，同学几年几乎没有见过面，天方夜谭一样，却是事实。但是，作为旷课大王，汪曾祺独独没有旷过沈从文的课。多年以后，汪曾祺实话实说："沈先生的讲课，可以说是毫无系统。前已说过，他大都是看了学生的作业，就这些作业讲一些问题。他是经过一番思考的，但并不去翻阅很多参考书。沈先生读很多书，但从不引经据典，他总是凭自己的直觉说话，从来不说亚里士多德怎么说、福楼拜怎么说、托尔斯泰怎么说、高尔基怎么说。他的湘西口音很重，声音又低，有些学生听了一堂课，往往觉得不知道听了一些什么。沈先生的讲课是非常谦抑，非常自制的。他不用手势，没有任何舞台道白式的腔调，没有一点哗众取宠的江湖气。"汪曾祺为什么如此痴迷沈从文？大概因为他从沈从文难以听懂的方言里，依稀看到一条文学之路，如同湘西那些长长的河流，正蜿蜒曲折地向山外奔流。

我的老师沈从文

晚年之后，汪曾祺写了一篇《沈从文先生在西南联大》，他说：“他能听懂很多地方的方言，也能学说得很像，可是自己讲话仍然是一口凤凰话。也因为他的讲话内容不好捉摸。沈先生是个思想很流动跳跃的人，常常是才说东，忽而又说西。甚至他写文章时也是这样，有时真会离题万里，不知说到哪里去了。用他自己的话说，是‘管不住手里的笔’。”很多同学听不了沈从文讲课，汪曾祺却听得津津有味，因为，他从写作角度来理解、来贴近，虽然没有什么学术性的理论，但是点点滴滴，全都是沈从文的创作感悟。

沈从文在联大开过三门课：各体文习作、创作实习和中国小说史，三门课汪曾祺都选了。各体文习作是中文系二年级必修课，其余两门是选修。西南联大的课程分必修与选修两种。中文系的语言学概论、文字学概论、文学史都是必修课，其余大都是任凭学生自选——诗经、楚辞、庄子、昭明文选、唐诗、宋诗、词选、散曲、杂剧与传奇等等，选什么，选哪位教授的课都成，完全依着学生的兴趣和爱好。但有一点要求很严，必须要凑够一定的学分。

汪曾祺感兴趣的，当然是创作。沈从文之所以被他热捧，当然

图8：沈从文在西南联大，总是有点害羞。

也是在于他的创作才华。他在《沈从文先生在西南联大》中说："创作能不能教？这是一个世界性的争论问题，很多人认为创作不能教。我们当时的系主任罗常培先生就说过：'大学是不培养作家的'，作家是社会培养的。这话有道理，沈先生自己就没有上过什么大学。他教的学生后来成为作家的，也极少。但是也不是绝对不能教。沈先生的学生现在能算是作家的，也还有那么几个。问题是由什么样的人来教，用什么方法教。现在的大学里很少开创作课的，原因是找不到合适的人来教。偶尔有大学开这门课的，收效甚微，原因是教得不甚得法。"沈从文是作家，在课堂上，他有他的教授方法，他不赞成命题作文的，学生想写什么就写什么。但有时在课堂上也出两个题目，而且出的题目都非常具体。汪曾祺记得他曾给学生布置过一篇作业：我们的小庭院有什么？这个看似莫明其妙的作文题却让好几个同学写出了相当不错的散文，而且都发表了。后来他又出了更奇怪的题目：记一间屋子里的空气。为什么出这样的题目？汪曾祺为此请教过沈从文，沈从文认为："这就像在工厂做车工，先得学会车零件，然后才能学组装。"这一点对汪曾祺日后的创作影响很大，其实这样的创作片断就是锻炼基本功。有很多文学爱好者往往一上来就写大作品，篇幅很长，但是他们功力不够，原因就在零件车得少，甚至根本没有车过。

汪曾祺不做笔记，但是沈从文关键的一些话他都记在心头，比如他经常说的一句话是：要贴到人物来写。很多同学不懂他的这句话是什么意思，汪曾祺以为这是小说创作的精髓。汪曾祺后来说："这句极其简略的话包含这样几层意思：小说里，人物是主要的，主导的；其余部分都是派生的，次要的。环境描写、作者的主观抒情、议论，都只能附着于人物，不能和人物游离，作者要和人物同呼吸、共哀乐。作者的心要随时紧贴着人物。什么时候作者的心'贴'不住人物，笔下就会浮、泛、飘、滑，花里胡哨，故弄玄虚，失去了诚意。而且，作者的叙述语言要和人物相协调。写农民，叙述语言要接近农民；写市民，叙述语言要近似市民。小说要避免‘学生腔’，我以为沈先生这些话是浸透了淳朴的现实主义精神的。”汪曾祺后来写《大淖纪事》，写《受戒》，全“都是贴到人物来写”，所以这些小说才光彩夺目，熠熠生辉，成为名篇名作。

手工业方式

汪曾祺就这样跟着他的沈从文老师，开始了他的创作生涯。沈先生一向对玩之类很不屑，对打扑克简直是恨之入骨，他认为这样消耗时间，是不可原谅的。他曾随几位作家到井冈山住了几天，这几位作家成天在宾馆里打扑克，沈先生说起来就很气愤，对汪曾祺说："在这种地方打扑克！"沈先生小小年纪就学会掷骰子，各种赌术他都明白，但他后来不玩这些。沈先生的娱乐，除了看看电影，就是看书、写字。他写章草，起笔不用隶法，收笔稍尖，自成一格。他喜欢写窄长的直幅，纸长四尺，阔只三寸。他写字不择纸笔，常用糊窗的高丽纸。他说："我的字值三分钱！"

当然，沈从文是书呆子，汪曾祺也是，他们两个师生在一起，除了看书几乎没别的事。汪曾祺后来说："沈先生有很多书，但他不是'藏书家'，他的书，除了自己看，也是借给人看的。联大文学院的同学，多数手里都有一两本沈先生的书，扉页上用淡墨签上'上官碧'的名字。谁借的什么书，什么时候借的，沈先生是从来不记得的。直到联大'复员'，有些同学的行装里还带着沈先生的书，这些书也就随之而漂流到四面八方了。沈先生书多，而且很杂，除了一般的四部书、

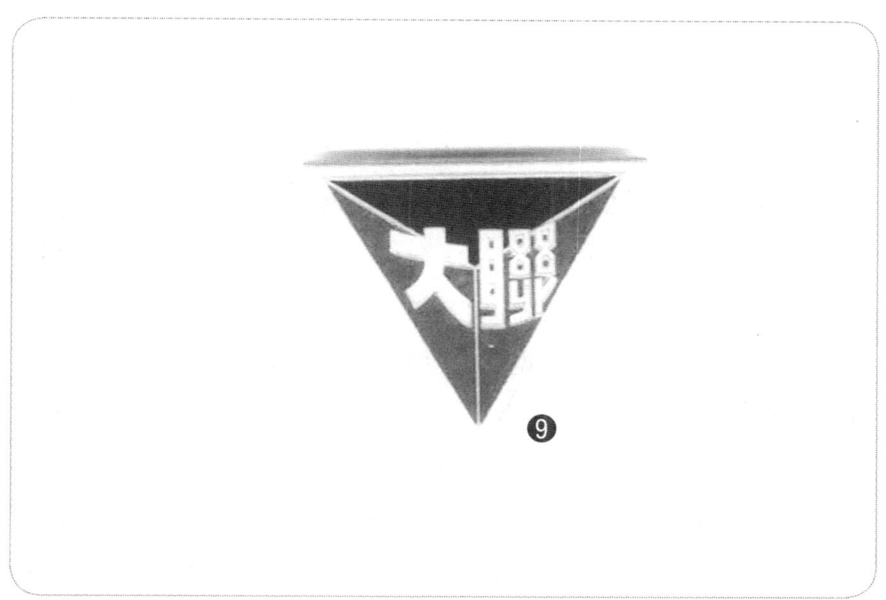

图9：西南联大校徽。

中国现代文学、外国文学的译本，社会学、人类学、黑格尔的《小逻辑》、弗洛伊德、亨利·詹姆斯、道教史、陶瓷史、《髹饰录》、《糖霜谱》……兼收并蓄，五花八门。这些书，沈先生大都认真读过。他读过的书，往往在书后写两行题记。有的是记一个日期，那天天气如何，也有时发一点感慨。有一本书的后面写道：‘某月某日，见一大胖女人从桥上过，心中十分难过。’这两句话我一直记得，可是一直不知道是什么意思。大胖女人为什么使沈先生十分难过呢？”汪曾祺近水楼台，自然读沈先生的书最多，听他的课，读他的书，自然而然地就跟他学起了写小说。最早的一篇小说，就是人物对话，内容他想不起来了，反正通篇就是对话，他当时受沈从文和废名影响比较大，竭力把对话写得美一点，有诗意，有哲理。小说写完后拿给沈先生看，沈从文说：“你这不是对话，是两个聪明脑壳打架。”汪曾祺听了一言不发，从此就知道了对话就是人物所说的普普通通的话，要尽量写得朴素。不要哲理，不要诗意，这样才真实。

半个月后，汪曾祺又交给沈从文一篇不成熟的小说，名字叫《灯下》，记一个店铺里上灯以后各色人等的活动，无主要人物、主要情节，散散漫漫，是模仿沈从文某些小说写成的。沈先生看了看，就介绍他看了几篇这样的作品，包括他自己写的《腐烂》。第二天上课沈从文就将这些推荐的作品带来了，他每次来上课腋下总是夹着好些书，有时候是一大捆，都是给班上同学们看的书，上课前一一拿给相关的同学。

汪曾祺的小说很快写得有模有样，沈先生就自己做主，寄到相熟的报刊上发表，这对他来说是很大的鼓励。这种做法鼓励了汪曾祺，他越写越起劲，沈从文对他的才气十分欣赏，不止一次对别的教授说：“汪曾祺的文章写得比我还要好。”甚至有一次，汪曾祺的“课堂习作”沈从文居然给了一百二十分，可谓赏识有加。其实也不单单是得意门生汪曾祺，其他同学写得好，沈从文也同样如此。多年以来，他就干着给别人的作品找地方发表这种事。经他的手介绍出去的稿子不计其数。汪曾祺在一九四六年前写的作品，几乎全都是沈先生寄出去的，他为别人寄稿子用去的邮费也是一个相当可观的数目。为了防止超重太多，节省邮费，沈从文大都把原稿的纸边裁去，只剩下纸芯。这当然不大好看，但是抗战时期，百物昂贵，不能不打这点小算盘。有一次他正在做这样的活计，正巧被来访的汪曾祺看到，汪曾祺不无嘲讽地说："这样节省啊？"沈从文也有点不好意思，自我解嘲地说："这是手工业方式。"他写了那么多作品，后来又写了很多大部头关于文物的著作，都是用这种手工业方式搞出来的。

多年师生成兄弟

人都说“多年父子成兄弟”，在一起相处久了，师生也成了兄弟般的亲，沈从文的家，成了汪曾祺的饭店和旅馆，有事没事就出城到沈老师家来，有时候来了也无话可说，沈从文正忙自己手头的事，也不怎么搭理他。他自己不声不响地坐一会儿，或者抽本书胡乱翻一翻，然后又走开。

有一天，下着雨，沈从文牙龈上火，腮帮子肿得老高，正坐在一张破旧的躺椅上发呆，汪曾祺来了。沈从文给汪曾祺倒了一杯水，然后无目的地在阴暗的老房子里走来走去，忽然说了声：“我给你去买橘子。”汪曾祺想阻止，沈从文已走了。不一会儿就捂住腮帮子回来，手里拿着两只通红的大橘子，放到汪曾祺面前：“你吃，呈贡乡下的橘子特别好，肉多。”汪曾祺也不客气，剥开橘子便吃，外面远远的地方传来日本飞机的轰炸声，汪曾祺说：“搬到呈贡乡下就安全多了，听到飞机轰炸再不用跑警报了。”沈从文说：“西南联大的老师差不多都搬到这里来了。”

沈从文正说着话，汪曾祺发现一滴雨水正掉进他的脖颈窝里，抬头一看，稀稀松松的瓦片就直接搭在椽子上，汪曾祺说：“这屋子造得太

图10：沈从文与汪曾祺。

粗心大意，坐在家里就能直接看到天，外面下大雨，家里下小雨。”沈从文说：“外面雨停了，家里仍在下——”他大概已经习惯了这样的场面，随手就在旁边拿起一根木棍子，往瓦片上戳一戳，雨马上就停了。汪曾祺笑，沈从文更笑得不可收拾：“这是我发明的检漏方法，不用上房揭瓦就可以止漏，太妙了。”汪曾祺说：“是妙，是妙。”沈从文说：“如果不下雨，我倒宁愿这房子有漏洞，昆明这里冬天不冷，有漏洞不怕的，躺在床上直接可以看到星星和月亮。要是雨停了，你晚上不走，就可以看到月亮。”

沈从文和汪曾祺东一下西一下闲扯，就是不说文学上的事，有时候沈从文也会冒出一句：“你那篇作文很好的，很不错，我代你投到报社去了。”或者是：“你写得比我好。”

汪曾祺经常过来陪沈从文闲扯，沈先生经历丰富，由任何一个话题生发下去，都可以引出他妙趣横生的谈资，他上课时不太会讲，但是闲谈起来却思维活跃，而且是跳跃式的。刚刚在谈玉龙雪山上大树一般的杜鹃花，然后又跳到金岳霖身上，或者说无意中又冒出一句：“你写小说一定要贴着人物写，一定要贴着人物来写。”

隔个几天，沈从文便从呈贡乡下进城，上完课后，汪曾祺陪他在昆明城内逛街。他喜欢那些花花草草的小古董和小玩意，看到一件工艺品，也不管小贩的白眼，马上抓起来欣赏，脸上浮现出孩子般的激动神情：“你看看，多美啊，太不可思议，这样的色彩。”汪曾祺在一旁冒出一句：“我看你是抒情考古学。”沈从文在昆明收集了许多耿马漆盒，他的屋里到处都是这种盒子，用来装邮票、点心。

有一次汪曾祺陪沈从文逛了很久，确实累了，两个人在文林街上一家小米线铺子里吃米线。在汪曾祺的印象里，沈从文进城从来没有正儿八经地这样坐下来好好吃一顿，通常只是在路边随便买一个烧饼什么的，拿在手里边走边吃。这次两个人一坐下来，沈从文便说：“老板，两碗米线，加一个西红柿，再打一个鸡蛋。”汪曾祺说：“你从来没有好好吃过，一点小钱全买了那些小玩意了，买了也不见你留，谁喜欢谁拿去。”沈从文说：“不重要不重要，只图开心，买的时候开心，玩的时候开心，送给朋友也开心。”沈从文看了看，说：“我再给你要一盘凉鸡。”汪曾祺还没来得及制止，沈从文就起身站起来，向老板借了一个盖碗，打了一碗酒过来，笑眯眯地说：“今天天气好，买到好罐子心情不错，我们有菜有酒好好吃一顿。”这时候凉鸡送上来，小小的一碟，沈从文打开盖碗，将酒倒了一点在盖子上，自己喝，然后将酒碗推到汪曾祺面前：“这些全归你，我知道，你是能喝酒的。”汪曾祺也不客气，笑眯眯地端起酒碗，自己将自己灌得半醉。多年以后，汪曾祺曾不无自豪地说：“沈先生很欣赏我，我不但是他的入室弟子，可以说是得意高足。”

穷教授们

西南联大由原国立北京大学、清华大学和南开大学组成，教授们大多留学海外，见多识广，一个个特立独行又桀骜不驯，但是有一点是共同的，就是穷。

当然，穷都是有原因的，因为在战时，通货膨胀物价飞涨——一九三七年，一个教授的平均月薪为三百五十法币，一法币即一元银圆，三百五十元大约等于今天的人民币一万一千元，这样的月收入小日子还是过得挺不错的。可是到了一九四三年，联大教授月薪为三千六百九十元，涨是涨了十倍多，而物价比几年前上涨了四百倍，所以教授的月薪折合到现在，只等于八元三角。就靠这八元三角要养活一家老小，那是难上加难。但是再难日子总得过啊，穷教授们各尽其才，最便捷的方法就是变卖家中物品：家具、图书、衣物——西南联大附近一夜之间就兴起一个杂物市场，许多眼镜掉到鼻梁上的老教授们，都来卖东西。实在没东西变卖，只要一开春，就把冬天的衣物全抱来变卖。要不就是夏天一过，那些泳衣、裤头、汗衫也悉数抛售，完全是过一天算一天。因为联大食堂由一日三餐改成一日两餐，风闻接下来要改成一日一餐或者干脆停火，教授们肚子饿得咕咕叫，人人开始恐慌。

图11：闻一多在刻图章，他就是靠这一门手艺挣一家人的伙食费。

图12：西南联大的穷教授们。

闻一多一连好几天没吃饱，忽然想起还有一门刻章的手艺，从前纯粹是业余爱好，现在却成了挣钱的行当。他不好意思在校门口丢人现眼，就跑到一个叫鼻屎坡的地方摆一个地摊帮人刻章，一连摆了三天，生意还不错，挣了一百多块钱，还顺带考证出这鼻屎坡其实是逼死坡——南明永历皇帝就是在这里被吴三桂逼死。联大校方知道后，认为让闻一多摆地摊太有辱斯文，劝他回来。闻一多不肯，说："我不刻章要饿死人的，你们谁负责？"校方无奈，就在报上帮他打了广告，让他在家刻章，然后等人上门。费孝通眼红闻一多坐在家中挣钱，眼红得要死，可是他不会刻章，除了那些不能当饭吃的学问外，他百无一用。怎么办呢？不能坐在家里等死吧？想倒卖点小生意，又没有大本钱，在妻子的点拨下，就在联大不远处闹市口摆了一处茶摊——茶叶是家里现成的，学生送的，将吃饭碗一一拿出来，煮一锅茶，再带上几只方凳和小桌子，一个茶摊就搭在柳树下，因为便宜，生意极好。但是再便宜也有钱赚，只有摆了茶摊，那一天全家饭钱就有着落了。

朱自清见穷教授们个个生财有道，也颇为着急，他在街头来回走，看看有什么可以赚点生活费。赚钱的行当没有找到，却被乞丐们纠缠得无法脱身，他走，乞丐也跟着他走；他停下，乞丐也随之停下——这其实是乞丐的惯用伎俩，被缠得无法脱身了，唯有破点小财。但问题是朱自清现在几乎身无分文，被缠得实在无法，他突然说："我没钱，我是联大穷教授啊？"没想到乞丐一听，掉头就走。在乞丐眼里，没有比教授更穷的人了。没想到实话实说亮出教授身份竟然成功喝退乞丐，朱自清十分吃惊，回到学校当笑话告诉了华罗庚，华罗庚又告诉了吴宓，很快联大的教授们都知道了朱自清的"退乞绝招"，人人模仿，都能成功逼退乞丐。甚至一个叫姚从吾的教授竟然用此招成功吓退小偷，在联大传播一时。

这些清贫的西南联大的穷教授，这些住在草棚里的、饿着肚子去上课的教授，这些连小偷和乞丐都提不起兴趣的穷教授们，日后，他们的名字都一一载入史册：华罗庚、闻一多、杨振宁、李政道、吴宓、金岳霖、费孝通、陈寅恪、刘文典、傅斯年、潘光旦、冯友兰、朱自清、吴晗、王力、卞之琳、沈从文、钱穆、梁思成、季羡林、钱钟书——实在太多了，我无法一一罗列，每一个姓氏都闪闪发光，每一个名字都熠熠生辉，他们是一伙天真孩童，可以和小孩比赛谁尿得更远；他们是一帮斗士，敢于当面指责蒋介石；他们是一群傻瓜，连村妇都可以随便骗他；他们又是一帮学者，可以接二连三地拿到诺贝尔大奖。他们特立独行，支撑起西南联大这座精神丰碑；他们孤芳自赏，展示着传统知识分子精神风骨。他们已化作满天繁星，在夜晚让我们这些后人抬头仰望——

“沈从文只值四毛钱”

在西南联大，沈从文能写不会说，似乎是师生们的统一印象，梁实秋曾经说：“从文虽然笔下洋洋洒洒，却不健谈，见人总是低着头，羞羞答答的，说话也是细声细气，关于他出身行伍的事他从不多谈。”沈从文不愿当众多谈，一定与他当年落草为寇做过兵匪有关，也与自己没有出洋经历、仅靠自学成才的经历有关——他能进入人才辈出的西南联大执教，其实是相当的不容易。

七七事变后，北平沦陷，知识分子都流亡西南各省。一九三八年春天，沈从文也辗转来到了昆明。大家都是文化人，现在相聚在大后方，来往是免不了的，沈从文做东请联大的教授们吃饭。看着沈从文没有职业，大家就思谋着将他聘请到联大来当教授。最先动了这个心思的，是联大的常务委员、《大一国文》主编扬振声。这一点很有趣，杨振声是胡适的学生，当年曾在青岛大学执教，就是胡适向杨振声推荐了沈从文进入青岛大学当老师。而沈从文能结识胡适，又是他的朋友徐志摩的推荐。当时胡适在上海创办了中国公学，徐志摩推荐沈从文进入中国公学。这实在是一个有趣的现象，沈从文离职后，他原来的老领导总要帮助他、推荐他，这足以说明一个问题，沈从文的人缘不错，沈从文的教

图13：西南联大的刘文典教授，敢与蒋介石对骂的狂人。

学能力也不错。但是最致命的一条就是他自学成才，仅仅是小学毕业，没有留学经历，甚至连一纸中学文凭也没有，想在人才济济的西南联大出人头地，绝不是一件容易的事。杨振声提了一次，没有反应，到了这一年的六月六日，杨振声和朱自清参加了联大的教师节和游艺会，他们联合了朱自清，再一次提议聘请沈从文到联大执教。联大的委员们七嘴八舌地讨论了一下，又没有任何结果，没结果就表示大家不同意，有看法。朱自清不放弃，拜访了毕业于北大的罗常培教授，想多请几位教授联合提议，人多力量大。罗常培一听聘请沈从文来联大当教授，非常赞同，他说："知识有时候是死的，而作为著名作家，沈从文拿得出手的文凭固然没有，但是他的创作体会和经验，是一份不可多得的财富，这样的人对教学实在太有用了，我赞同，我赞同。"朱自清说："罗兄，你仅仅赞同还不行，我们联合提议好不好？"罗常培点头同意。

经过多位教授的努力，就在那个月底召开的西南联大常委会第一百一十一次会议上，有一项议题就是决定聘沈从文为联大师范学院国文系副教授。后来虽然一致通过，但是反对的声音也一直经久不息。这一年的暑假，在联大读书的杨振声的儿子杨起到昆明阳宗海游泳。休息时，他在茶馆遇到了查良铮，他是一位诗人，笔名穆旦。查良铮当着杨起的面说："沈从文这样的人到联大来教书，就是杨振声这样没有眼光的人引荐的。"杨起回家说给父亲听，杨振声说："别理他，他们这些诗歌疯子，从来就没有人入他们的眼。"查良铮当时正值诗名鹊起，年纪轻轻的就和闻一多、朱自清、冰心、冯至、卞之琳等交游颇多，自学成才的沈从文，自然不入他的法眼。在联大，看不起沈从文的远非查良铮。

第二年的七月，沈从文晋升为教授，校常务会议决定"改聘沈从文先生为本大学师范学院国文系教授，月薪三百六十元"。就在这个职称评定会议上，教授刘文典勃然大怒："陈寅恪才是真正的教授，他该拿四百块钱。我刘文典该拿四十块钱，他朱自清该拿四块钱——他沈从文只值四毛钱！”还有一种版本，“沈从文是我的学生，他都要做教授，我岂不成了太上教授？”刘文典一向狂狷、自负，当年还骂蒋介石是新军阀。所以刘文典说这样的话，并不意外。当时联大的一些教授以古籍、考据和国学为学术生命，对新文学和作家，并不接受。当然，刘文典不仅看不起沈从文，也瞧不起巴金，他瞧不起用白话文写作的所有作家。几天以后，有一次跑警报，沈从文碰巧从刘文典身边擦肩而过，刘文典面露不屑之色：“我跑是为了保存国粹，学生跑是为了保留下一代的希望，可是该死的，你沈从文干吗跑啊？”

刘文典把他对沈从文的不屑赤裸裸地放在脸上，沈从文也很无奈，所以在联大许多聚会场合，他就是静悄悄地坐在一旁，一言不发，用梁实秋的话说，“羞答答的”，像个饱受欺负的小媳妇。

《猫》中的那位作家

钱钟书在西南联大做过教授，他后来对记者说："沈从文这个人有自卑感。"他后来创作了颇有影响的中篇小说《猫》，影射了很多当时文化艺术名流，其中的作家曹世昌，据说原型就是沈从文，这一段文字，可以看作沈从文的简历："他在本乡落草做过土匪，后来又吃粮当兵，其作品给读者野蛮的印象。他现在名满天下，总忘不掉小时候没好好进过学校，还觉得那些'正途出身'者不甚瞧得起自己，随时随地提防人家损伤自己的尊严。蜜里调油的声音掩盖着剑拔弩张的态度……"

《猫》写于一九四五年的上海，钱钟书早已离开联大，《猫》被看做《围城》的雏形。钱钟书在联大外文系执教一年，他在昆明期间，沈从文也在，那时教授们每有活动，沈从文总是安静地坐在角落里。钱钟书是小说家，察言观色是他的拿手绝活，他一眼就可以洞透沈从文的内心世界。所以在《猫》中，他准确地刻画出了作家曹世昌："举动斯文的曹世昌，讲话细声细气，柔软悦耳，隔壁听来，颇足使人误会心醉。但是当了面听一个男人那样软绵绵地讲话，好多人不耐烦，恨不得把他像无线电收音机似的拨一下，放大他的声音。这位温文的书生爱在作品里给读者以野蛮的印象，仿佛自己兼有原人的直率和超人的凶猛。

图14：自称乡下人的沈从文先生。

他过去的生活笼罩着神秘气氛。假使他说的是老实话，那么他什么事都干过。到上海做流氓小兄弟，也曾登台唱戏，在大饭店里充侍者，还有其他富于浪漫性的流浪经验，讲来都能使只在家庭和学校里生活的青年摇头伸大拇指说：‘真想不到，真没的说！’他写自己干这些营生好像比真去干它们有利，所以不再改行了。论理有那么多奇趣横生的回忆，他该写本自传，一股脑收进去。可是他只东鳞西爪，写了些带自传性的小说。也许因为真写起自传来，三十多岁的生命里，安插不下他形形色色的经历，也许因为自传写成之后，一了百了，不便随时对往事作新补充。”

其实在《猫》中，被影射的文化人比比皆是，小说中的主人李建侯、爱默二人，就是林徽因梁思成夫妇。齐颐谷是指萧乾，爱慕女主人的诗人肯定是徐志摩了，政论家马用中即罗隆基，袁友春是林语堂，亲日作家陆伯麟就是周作人。学术机关主任赵玉山影射赵元任或胡适之，文艺批评家傅聚卿，则有点像朱光潜。其实钱钟书捉弄沈从文并非这一次，在他早年的散文《魔鬼夜访钱钟书先生》中，就挖苦过沈从文：“但丁赞我善于思辨，歌德说我见多识广，你到了我的地位，又该骄傲了。我却不然，愈变愈谦逊，时常自谦说：‘我不过是个地下鬼。’就是你们自谦为‘乡下人’的意思，我还恐怕空口说话不足以表示我的谦卑的精神，我把我的身体来作为象征。财主有布袋似的大肚子，表示囊中充实；思想家垂头弯背，形状像标点里的问号，表示对一切发生疑问；所以——说时，他伸给我看他的右脚，所穿皮鞋的跟似乎特别高——我的腿是不大方便的，这象征着我的谦虚，表示我‘蹩脚’。我于是发明了缠小脚和高跟鞋，因为我的残疾有时也需要掩饰，尤其碰到我变为女人的时候。”

这段文字的影射不言而喻，喜爱文学的人都知道，沈从文一生以“乡下人”自许，如他在《习题》一文写道：“我实在是个乡下人，才说乡下人我毫无骄傲，也不自贬。乡下人照例有根深蒂固永远是乡巴佬的性情，爱憎和哀乐自有它独特的式样，与城市中人截然不同。他保守、顽固、爱土地、也不缺少机警，却不懂诡诈。他对一切事照例十分认真，似乎太认真了，这认真处某一时就不免成为‘傻头傻脑’。”

钱钟书对沈从文的“刻薄”只是出于一种恶作剧心理，在私下里，两人是比较谈得来的朋友。据说有一晚跑警报，一直到天黑才归，回家的车已没有，两人只好沿郊外乡村小路缓行。忽然听到远远的村庄传来狗叫，沈从文后退了几步，钱钟书笑话他：“怎么？你这个土匪出身的人，连砍下的人头都挑过，难道还怕狗吗？”沈从文不说话，只是退让到钱钟书身后，钱钟书继续不依不饶：“狗有什么好怕的？它又不是青蛙。”他这样一说，沈从文突然暴发一阵大笑：“你连青蛙都怕啊？怕狗还情由可允，真没想到，竟然有人害怕青蛙？”

三天打鱼两天晒网

汪曾祺在西南联大不算好学生，对学业他一向三天打鱼两天晒网，后来竟然没有拿到毕业证书，原因是他没有按学校规定去为陈纳德的飞虎队做翻译，为什么没去？说起来很荒唐：仅仅因为他的裤子是破的，找遍纸板箱，找不出一条没有破洞的裤子，汪曾祺不想丢人现眼，就没有参加学校组织的实习，结果他被校方开除，只拿到一张肄业证书。就凭这纸肄业证书，他还想留校做助教，朱自清教授听说汪曾祺这样的学生还想留校，大为震怒："三天打鱼，两天晒网，就这样的坏学生，他还想留校？他连我的课都不上，他还想在联大当助教？"

学校留不成，又到哪里混饭吃呢？汪曾祺愁得不行。也不是他一人，所有毕业的学生都感到前途茫茫，几个同学心血来潮，在白马庙租了个破仓库，异想天开地办起了学校，校名很吓人：中国建设学校。学校共设六个班，校长、教务主任、体育主任什么的一应俱全。想来当老师只需和校长说一下，从不用请客送礼托人说情。大红聘书也有，上面写明每月敬奉薪水若干。看起来好看，其实不过是一纸空文。所有的费用自然来自学生的学费，但是局面混乱物价飞涨，几个小钱眨眼就被倒腾得精光，老师甚至连饭也吃不上，还谈得上薪水？校长的主要工作就

图15：当年的上海滩。

是在外腾挪借款，款子是借不到，只能借几箩米来。有时弄不到，只好断火炊。食堂从来就没供应过菜，汪曾祺一下课，就到校园里找野菜，什么灰灰菜、野苋菜、苦菜他都吃过。后来，挑野菜的习惯就一直伴随他终身，到了北京也没改，有一次挑菜挑到天安门围墙外，被解放军当成阶级敌人搞破坏，抓住他好一阵盘问。

校园里野菜很快被吃光，他们就上山捉甲虫，当地人称蚕豆虫或豆壳虫，去掉翅膀，热锅里放点油煸炒一下，洒点花椒盐，就是一盘下饭菜。汪曾祺散漫惯了，对这样的生活并不太在意。每每吃了晚饭，他就到校外田野上去，菜花密布的田野上布满青草池塘，塘里全是鱼，他迷上打鱼。他老家在江苏高邮，虽是苏北，地理上却靠近江南，那里的鱼遍地都是。汪曾祺没想到，这里的鱼比他老家还要多，更好的是，这里的鱼因为没有钓过，几乎像傻瓜一样，尽爱咬钩，几乎是不费什么力气，就可以钓到一桶小鱼。他一个人根本吃不了，也没有锅灶去煎煮，便如数上交给食堂，做成鱼汤给全体老师喝。老师们问他在哪钓的，他也不说，清早天没亮就拿着个钓渔竿偷偷溜出学校，然后一钓钓到天黑才回来。他钓鱼不是站着，而是躺着——池塘边就是胡萝卜地，遍地毛茸茸的胡萝卜缨子把一块菜地铺成一张毛毯，他就躺在胡萝卜地上，看到鱼咬钩了，提起渔竿。饿了，随手拔几只胡萝卜当水果吃。在那些人迹罕至的池塘边，看蓝天白云，看浮标沉浮，他一时有不知身在何处之感。这样的生活其实对散漫惯了的汪曾祺来说，是相当适合的，尽管肚子饿了，也没有什么钱，但这些根本不重要。后来学校要迁至观音寺，这时候正值日本投降，昆明到处都在放爆竹，很多人跃跃欲试，准备还乡。学校问汪曾祺还做不做老师，汪曾祺说："做，做，我一直在这里做老师。"

观音寺没有寺，白马庙也没有庙，汪曾祺还是散散漫漫的，三天打鱼，两天晒网。兴趣来了就给学生讲上一课，没有兴趣，就布置一篇作文让他们写，自己跑到外面看风景。观音寺和白马庙没什么不同，四周全是农村，他看农民种地、插秧，看他们戽水、收割。那时候他正在读《庄子》，他所追求的庄子的境界，也就如同他眼下的生活：无为而治，随遇而安。这样的生活他一过就是两年，之所以安之若素，除了《庄子》之外，还有一个重要的人：施松卿，这个他热恋的女同学也在这里。她是福建人，比汪曾祺大两岁，因为一时没有找到更合适的工作，便在建设中学做了英文老师。她性格温和、善良，脸上总是挂着单纯的微笑。她后来要回到福建去，她一走，建设中学再也留不住汪曾祺。往哪儿去？他的眼光在地图上扫了一圈，最后落在长江的入海口——上海滩。

当头棒喝

汪曾祺离开昆明来到上海，来时的路和去时的路一模一样，从越南经香港再回到上海。在香港还发生一件趣事，那日他与施松卿分手，流浪汉似的在香港街头闲逛。买了一份小报随手一翻，却意外看到一则新闻，小标题是：青年作家汪曾祺抵达香港——汪曾祺气得把报纸揪成一团："他妈的，谁写的？都成了要饭的叫花子了，还青年作家？成心戏弄人是不是？"后来在散文《芋头》里，他这样写道："一九四六年夏天，我离开昆明去上海，途经香港。因为等船期，滞留了几天，住在一家华侨公寓的楼上。这是一家下等公寓，已经很敝旧了……只是心情很不好。我到上海，想去谋一个职业，一点着落也没有，真是前途渺茫。带来的钱，买了船票，已经所剩无几——"

初到上海，寄住在同学朱德熙家里。老家高邮，正在战火之中，有家不能回。他本想在上海找一个能栖身的职业，可是一连几次碰了钉子。在情绪最坏时，甚至想到自杀。他把在上海的遭遇写信告诉沈从文，他虽然离开西南联大好几年了，但是在心理上好像仍然没有断奶，仍然需要沈先生及时的安慰和鼓励。但是这一次沈先生真的生气了，沈从文在上海待了很多年，就住在破旧的弄堂里，靠一支笔吃饭——并且

图16：沈从文和表侄黄永玉在一起。

图17：从昆明流落到上海的汪曾祺。

他不像汪曾祺那样只有一张嘴，一人吃饱全家不饿，当时他妹妹、他母亲全跟着他吃饭，他一支笔要喂三张嘴，他的困难比汪曾祺大得多，他写到流鼻血也不舍得停一停手中笔，因为明天的早饭米还不知在哪里？你汪曾祺凭什么遇到一点点困难就死啊活的？他十分震怒，写信把汪曾祺痛骂一顿，几乎是当头棒喝："为了一时困难，就这样哭哭啼啼的，甚至想到要自杀，真是没出息。你手里有一支笔，怕什么呢？"汪曾祺手捧沈先生的来信，看了又看，这当头一棒把他敲醒了。后来在窗外一处煤堆里，发现一棵芋头。那棵芋头不知被谁遗忘在煤堆上，没有一点土，似乎也没有水，可是它却在煤堆上长得朝气蓬勃，他就写了篇随笔《芋头》，他说："获得一点生活的勇气。"他决心要做一棵长在煤堆上的芋头。

沈从文骂归骂，对汪曾祺求职一事十分着急，他先写信给爱人张兆和，让她从苏州写一封长信安慰汪曾祺，又给他在上海的表侄黄永玉写信，让他"抽空去看看他"。他还写信给李霖灿、李晨岚，请求朋友们帮忙为汪曾祺找工作："济之先生不知还在上海没有？我有个朋友汪曾祺，书读得很好，会画，能写好文章，在联大国文系读过四年书，若你们能为想法在博物馆找一工作极好。他能在这方面作整理工作，因对画有兴趣。"同时写信给李健吾，请他多多关照自己的这个穷学生。李健吾对汪曾祺有印象，因为在昆明，沈先生就多次向他推荐过汪曾祺的小说。汪曾祺早期作品《小学校的钟声》、《复仇》都是发表在他和郑振铎主办的《文艺复兴》杂志上。汪曾祺收到沈从文信后，就找到李健吾。李健吾看到汪曾祺很年轻，十分高兴。可是，汪曾祺坐了半天，李健吾只是说大话鼓励他，没有一句实在话，汪曾祺坐不住了。后来看看时间不早，只好期期艾艾地开了口。李健吾一听汪曾祺要找工作，就面露难色。汪曾祺心头一冷，以为又泡汤了。没想到李健吾沉吟了半天，才说："眼下倒有个去处，只是不知你愿不愿去。"汪曾祺做梦都想找一份工作，哪里会挑三拣四？李健吾才告诉汪曾祺，他有个学生高崇浚，自立门户创办了一所致远中学，只有三个班，就在离霞飞路不远的弄堂里，那里好像缺好的老师。汪曾祺发表过作品，又是沈从文的高足，去教国文正合适。汪曾祺拿着李健吾的推荐信去了致远中学，高崇浚留下了他。

由于是李健吾和沈从文两位名师的大力推荐，高崇浚对汪曾祺更加高看一眼，这是一位非常好的男人，有侠义心肠和洒脱风度。每逢节日，他必定把老师们请到家中聚餐。就是平时每个星期天，他总得把单身老师约在一起，这个礼拜去城隍庙，下个礼拜去大世界，坐坐茶馆，尝尝生煎，汪曾祺就过上相当适意的生活。不久，他又结识了黄裳和沈先生的表侄黄永玉，海上一段浪漫的时光开始了。

三个浪荡子

汪曾祺是沈从文的学生，且是巴金夫人萧珊在西南联大的同学。巴金又是沈从文的好友，汪曾祺去巴金家中闲谈是很自然的事。而黄裳则是巴金哥哥李尧林的学生，李尧林曾给黄裳写过一封信，说如有困难可以找他的弟弟巴金。因为沈从文的关系，汪曾祺迅速和黄永玉成了铁把兄弟，还有黄裳——黄裳后来回忆说：李尧林曾经给他写过一封信，说如有困难可以找他弟弟巴金。黄裳在《关于巴金的事情》中说："一九四六年夏，我从重庆回到上海——也因此，我与黄永玉的相识或许也是通过汪曾祺，霞飞路上的'月旦人物，口无遮拦'则大多是有份的。"他们仨黄永玉最小，只有二十三岁。汪曾祺二十七岁、黄裳二十八岁。每逢星期天，三个小兄弟像三个浪荡子，总是结伴出现在上海南京路上，要么走进咖啡馆，要么走进电影院，要么干脆就在马路上闲逛，从这头走到那头，再从那头走回这头。漫无目的地看街上风景，兴致勃勃地评说天下，臧否人物。还跟着当时上海滩一位电影明星中叔皇学会了跳舞，汪曾祺跳舞的瘾头特别大，天天缠着中叔皇，中叔皇烦了，只好花时间教他，把他教会了，他也就离开了。三个人普普通通，不显眼，不夸张，大概谁也不会想到要好好地多看他们几眼。但是多年

图18：年轻的黄裳很洋派。

图19：少年黄永玉，看上去像个孩子。

以后，这三个人都在中国文化界有了特殊影响：黄裳，藏书家，文史大家；汪曾祺，大作家；黄永玉，大画家。

那时候黄永玉在闵行一所中学教书，汪曾祺在致远中学，一到星期六，黄永玉便搭公共汽车进城，先到致远中学找到汪曾祺，然后再一起到中兴轮船公司找黄裳。黄裳那时候是个高级职员，总是打领带，西装背带裤，头发打摩丝，梳得纹丝不乱，皮鞋自然擦得雪亮，很有点上海老克腊派头。一见柜台外站着的黄永玉、汪曾祺，马上关了抽屉，招呼也不用打就昂然而出，和他们一同走了。汪曾祺看着有点发呆，几次在背后对黄永玉说："在上海滩要混到这份功力，绝不是你我三年两年练得出来。"黄永玉点点头："我看也是。"然后他们仨的身影就出没在上海滩那些花街柳巷、茶馆书肆，一直到夜半更深。两年时间，几乎每个星期都如此，所有开销全都是黄裳买单。有时候，也会到沈先生的老友巴金家坐坐。巴金住在霞飞坊五十九号，离汪曾祺教书的学校并不远，后来汪曾祺他们就经常过来，一来就到二楼去，那里是吃饭兼会客的地方，一张圆桌子，几张旧沙发，汪曾祺称之为沙龙。萧珊在联大的很多同学都过来，大家都没什么钱，但是聚在一起却高谈阔论，非常快乐。

汪曾祺就是在巴金家认识黄裳的，这一点黄裳在《记汪曾祺》中也有描述："认识曾祺，大约是在一九四七年至一九四八年，在巴金家里。那里经常有萧珊西南联大的同学出入，这样就认识了，很快成了熟人。常在一起到小酒店去喝酒，到DDS去喝咖啡，海阔天空地神聊，一起玩的还有黄永玉。"

因为闵行在郊外，有时玩过了头，黄永玉就在汪曾祺那里借宿。和汪曾祺同住的是在《大美晚报》工作的记者，他总是上夜班，黄永玉正好就睡了他的床铺。那是一张铁条床，铁条已经弯了，人窝在那里。汪曾祺后来写信告诉沈从文："永玉睡在床上就像一个婴儿"。对于汪曾祺事无巨细统统向沈先生汇报，黄永玉略略有点不舒服。对于汪曾祺在巴金家过分的“老实”，他同样也有点不舒服。他能理解汪曾祺的内心压力，这可能完全是出于对巴金的尊重——那时候汪曾祺的第一部小说集《邂逅集》正是在巴金帮助下结集出版的。而一旦离开巴金家，到了咖啡馆，汪曾祺才恢复了天马行空、放言无忌的姿态，这时候他是飞扬的、激进的，当然也是快乐的、满足的。在黄永玉的眼里，这才是真正的汪曾祺。

关于上海那段生活，汪曾祺后来回忆道：“我教三个班的国文，课余或看看电影，或到一位老作家家里坐坐，或陪一个天才画家无尽无休地逛霞飞路，说一些海阔天空、才华迸发的废话。吃了一碗加了很多辣椒的咖喱牛肉面后，就回到学校里来，在教学楼对面的铁皮顶木棚里批改学生的作文，写小说，直到深夜。我很喜欢这间棚子，因为只有我一个人。除了我，谁也不来。下雨天，雨点落在铁皮顶上，乒乒乓乓，很好听。听着雨声，我往往会想起一些很遥远的往事。但是我又很清楚地知道：我现在在上海。雨已经停了，分明听到一声：‘白糖莲心粥——’”汪曾祺后来把这个铁皮棚子命名为：听雨斋，这是他在上海的书斋名字，肯定模仿沈从文在北平的“窄而霉小斋”在听雨斋，汪曾祺除了和黄永玉、黄裳做浪荡子，倒也实打实地写起了小说，《小学校的钟声》、《复仇》、《鸡鸭名家》、《戴车匠》等等，都是在上海写成的。

一九四七年，施松卿治好了肺病，接受了北大的邀请去西语系教书，途经上海她和汪曾祺见面并订婚。看到爱人要去北京定居，在上海滩浪荡了两年的汪曾祺再也待不住了，很快，他追随着施松卿北上，口袋里只带着一支笔，他信心满满地要学他的沈从文老师，靠一支笔来北平打天下。

第二章　女人们

『女人是世界上一种非凡的东西，一切奇迹皆为女人所保持，凡属乘云驾雾的仙人，水底山洞的妖怪，树上藏身的隐士，朝廷办事的大官，遇到了女人时节，也总得失败在她们手上，向她们认输投降。』

——沈从文

阳宗海边的风花雪月

离昆明几十公里的远郊有一个地方叫阳宗海，说是海其实就是一个湖泊，湖水清澈，四周山峦起伏，秀美的景色让人流连忘返。西南联大的学生没事时喜欢到这里来游玩，一九四一年春天，联大组织了一次夏令营，地点就设在阳宗海边，每晚都要举行舞会，跳的是圆舞和方舞，所有的同学都参加。就是男女同学围成两个圆圈或者两个方阵，男在外女在内，手挽着手或背靠着背地边唱边跳。施松卿长得清秀，淡淡的眉毛，细细的眼睛，小巧玲珑，能歌善舞。有一段大家跳得都不太好，因为刚刚才学，很多学生，特别是男生，跳得笨手笨脚的，木偶似的，很难看。舞会的组织者想从中挑一个跳得好的女生出来教一教大家，他的目光在女生中逡巡了一圈，一眼就发现了相貌出众的施松卿，他说："施松卿，就是你了，你出来给大家示范一下，你跳得很好。"施松卿也不怯场，大大方方走到圆圈中央，然后就跳起来，她跳得特别好，举手投足显得温柔而且妩媚，同学们都看呆了，包括跳舞笨手笨脚的汪曾祺。

那晚舞会之后，月色很美，一轮明月照着阳宗海，这一片青山绿水在少年人眼里如梦如幻，男女学生如醉如痴，都不想回去睡觉，这时候

图20：漂亮的女生施松卿。

回去睡觉，太辜负了这一片美丽月光。女生林同端说：“我们到海边去赏月，大家说好不好？”她的建议得到很多人的赞同，施松卿率先拉着林同端跑到海边。后面，张景昭也跟上来，尖叫着要她们等一等她。她们的脸上都挂着兴奋的笑容。很多男生向林同端、施松卿献殷勤，就把跳舞中学到的挽手姿势应用到散步中来，他们大方地挽着林同端和施松卿的手，旁若无人地在月光下的海边嬉戏。

那一晚汪曾祺也夹在其中，他是寂寞的，也不说话，也不想离开——因为，那个在月光下像舞娘一样的施松卿，像一朵花，落在他的心头。离开阳宗海后，他再也忘不掉施松卿，没事总是在女生宿舍边徘徊，他再一次体会到恋爱的滋味——这样的滋味对他来说并不陌生，他曾经失恋过，如同死了一样。与上次不同，上一次是失恋，这一次是暗恋，但是他暗暗发誓，这一次要把暗恋变成热恋。

在联大，男同学远远多于女同学，据汪曾祺观察，追求施松卿的男同学很多，如外文系就有赵全章，还有一个叫袁可嘉的人。赵全章也是一个才子，写的散文像何其芳的《画梦录》。他在美国空军飞虎队做英文翻译官的时候，同班同学都是中尉，只有他一个人鹤立鸡群，被评为上尉。袁可嘉是一个诗人，很早就写过《沉钟》，那些诗句汪曾祺都还记得：

让我沉默于时空，
如古寺锈绿的洪钟，
负驮三千载沉重，
听窗外风雨匆匆——

后来，袁可嘉成为研究西方现代派文学的专家。这两个心高气傲的家伙都喜欢施松卿，汪曾祺有点不自信。他一直把这份暗恋藏在心里，不肯说，更不向施松卿表白，只是默默地在一旁观察着，迂回着，迂回着，等待着下手的机会。他是那种不下手便罢，一下手肯定十拿九稳的人。他先让那两个家伙得意够了，然后他等待一个十拿九稳的机会。

当时联大女同学的身价很高，一般的男同学都是望而却步。当时还是学生的杨振宁就喜欢施松卿的闺密张景昭，他和汪曾祺一样，也是不敢向张景昭表白，把这份暗恋一直放在心底。张景昭和施松卿、林同端都是联大漂亮的女生，连杨振宁都不敢问津，可见蓬山之远。有些男同学看看校内名花有主，就向校外发展，附近的天祥中学女生成为他们主攻目标，时间不长，竟然成就了几对姻缘：一对是张燮和黄庆龄，一对是王希季和聂秀芳。汪曾祺认定了施松卿，他远比杨振宁有耐心，他不时在施松卿身边晃动着，偶尔也说上几句话。施松卿对汪曾祺颇有好感，她把联大小说家桂冠给了汪曾祺，她还不止一次对闺密林同端说："中文系的人土死了，穿着长衫，一点样子也没有，外文系的女生谁看得上？只有汪曾祺好点。他有才啊，一眼就能看出来，他有才。"这些话不久就传到汪曾祺的耳朵里，暗恋已久的汪曾祺蠢蠢欲动，觉得时机快成熟了。临近毕业时，他得知施松卿暂时不回老家，已决定去中国建设学校当老师时，他毫不犹豫地放弃回家念头，追随着施松卿姗姗背影，踏上了他的爱情之旅。

吃胡萝卜的“林黛玉”

汪曾祺比施松卿小两岁，属于时髦的姐弟恋。他之所以能战胜一众情敌赢得芳心，才华是俘虏爱人、获得爱情的利器。在她的一生中，任何时候任何情况下，只要提到他，她永远都是骄傲的公主——

这个公主在西南联大是百里挑一的校花，被同学们称为林黛玉。她确实也是林黛玉那种文弱的女孩子，弯弯的眉毛，细细的眼睛，一副懒懒散散睡美人的样子，不但长得像林黛玉，气质也像。而且和林黛玉一样生过肺病，活脱脱就是一个林黛玉式的病美人。她的家在福建长乐县潭头大宏村，父亲施成灿，早年在马来西亚是著名的华侨领袖，与当地百姓关系尤其好，后来日本人占领马来西亚，到处捕杀侨领，他也没有被人告发和出卖，身份始终没有暴露，安然度过了腥风血雨的四个春秋。福建长乐是个出人才的地方，作家郑振铎、冰心都是长乐人。施松卿的祖辈是赤贫之家，其父是随唱戏的祖父漂流到马来西亚谋生，开一片中药店起家，日子才逐渐安定下来。这个爱药成痴的男人深感没有文化的痛苦，先是让弟弟一边在药店当学徒，一边上夜校。他自己应聘到一个小镇的诊所当医生。站稳脚跟后，才回老家结婚，把妻子也带过来，有了女儿施松卿，全力以赴供她读书，从香港一直读到昆明。施松

图21：西南联大才女施松卿，被称为“林黛玉”。

卿是家里的老大，下面有一个弟弟、三个妹妹，在兄弟姐妹中，她是绝对权威，特别在读书上，她是很严厉的。因为她年纪大，因为她的书一直读得很好，很受父母的宠爱。无论在新加坡南洋女中，还是在福州华南女子文理学院附中，以及香港圣保罗女子学院高中，在哪里她的学业永远都是出类拔萃，上高中时还获得过香港国文比赛第一名。从西南联大毕业后应该去马来西亚的，但是战时交通中断，邮路阻塞，得不到老家汇款的施松卿只好先到建设中学混碗饭吃，没想到他因祸得福，在这里与才子汪曾祺重逢。

施松卿其实也是一位才女，她得过香港国文比赛一等奖就是明证，所以她比一般的女生格外高看汪曾祺一眼。一个才子，在任何时候都会被人高看一眼，被女人青睐有加。所以早在阳宗海月下独舞之前，她就关注过汪曾祺，因为他是沈从文的弟子，在西南联大人尽皆知，她曾特别到图书馆找到汪曾祺发表的小说来欣赏，她喜欢汪曾祺厚实的国文基础，他能把古汉语词汇自然地消融在他的创作中，读来说不出的妥帖与流畅，她觉得这种水磨功夫非常人所能达到，而且绝非一朝一夕所能达到的。但是她这时没有机会结识汪曾祺，也不好意思主动去找他。后来在建设中学，她把这一切告诉汪曾祺时，汪曾祺顿生相见恨晚之感。他做梦也没有想到，一个专攻英语的学生，对文学创作竟然能有如此不俗的见解，他对施松卿更加刮目相看，两个人感情急速升温，迅速进入热恋。

因为得不到家庭资助，施松卿生活难以为继，十分狼狈。汪曾祺也没有钱，心情坏透了。这天施松卿想到野外小山上找点野果，忽然看到一匹马。那是一匹白马，全身雪白，长长的尾巴飘逸如丝，真是漂亮。她慢慢走近那匹马，白马并不逃跑，反而忧伤地看着她，仿佛前生有缘。施松卿上前就牵住白马，用手抚摸着它那缎子似的毛发，一时不知怎么办，总不能把它牵到学校去吧？她只好牵着它吃草，然后将它带到学校附近的一片树林里，将马拴在树上，回去就告诉了汪曾祺。第二天下午两人过来看，白马还在，它认识施松卿，看到她走过来，白马刨着蹄子十分兴奋。汪曾祺仔细看着白马，认定它是云南逃兵丢下的战马，他们两人陪着白马吃草，一边走一边聊。远远的山那边，天色湖蓝，夕阳正在下山，几只鸟儿寂寞地飞过。多年以后，汪曾祺对孩子们回忆说："一个文文弱弱的年轻女生，在黄昏的天色中牵着一匹高高大大的白马漫不经心地在郊外散步，真是漂亮。"他也从那一刻起，疯狂而又刻骨铭心地爱上了施松卿。

这匹大白马养了五天之后，施松卿和汪曾祺还是将它放跑了。因为，实在没有办法饲养它。

家庭女教师

到了这一年秋天，施松卿眼看着快吃不上饭了，只好到一家法国人勒戈夫家做家庭教师，教勒戈夫的女儿艾玛学中文。说是家庭教师，其实说白了就是一个保姆，甚至可以说是女仆。

勒戈夫负责管理滇缅公路的修筑，家境相当富裕，住有豪宅行有豪车。除了家庭教师施松卿，家里还有男仆女仆七八个，有的做饭，有的做花匠，还有的专门跑腿采购。那小女孩艾玛才七岁，很不听话，也不爱说话。给她上课，她不高兴就瞪着你，一言不发，更不听讲，也不跟读。稍不注意她就将课本撕毁，然后一脸无辜地看着你，让你毫无办法。教了两个月，成绩毫无进展。这天勒戈夫把施松卿叫到楼上，大发雷霆，认定施松卿是在磨洋工，不用心，因为艾玛学了两个月，连最简单的“大、小、手、口”都不会。施松卿据理力争，勒戈夫根本不听她的话，也不辞退她，让她继续待在家中，但是活增加了几倍：除了教艾玛中文，还要洗衣、择菜，并且负责给艾玛洗澡。

就是给艾玛洗澡让施松卿备受折磨，这个小女孩很调皮，她坐在浴缸里能玩水几个小时，你不能接近她，一接近她就大喊大叫并且用水泼洒你。但是总不能一任她这么我行我素地玩下去吧？施松卿一怒之下

图22：初为人师的施松卿。

图23：年轻的汪曾祺与施松卿。

就冒着四起的水花冲过去，将她摁在水中一阵冲洗。但是她仍然乱蹬乱踢，像条滑溜溜的鲇鱼，一不小心就从手中滑脱。每天一次的洗澡对于施松卿来说，是一场恶战。施松卿忍耐着，就是等着晚上一餐饱饭，这是她这份家庭教师工作的唯一好处，就是可以饱饱地吃上一顿。吃饭时，她一点也不客气，他们法国人主食是面包，正好是施松卿最爱吃的，她拿起一块香喷喷的面包，涂上黄油，那油涂得比面包还要厚，然后大口大口地吞食起来。家里的仆人和司机包括勒戈夫，都吃惊地看着她。他们做梦也没有想到，这个看起来瘦瘦小小的女学生，太能吃了。施松卿也不管，吃了一块又一块，她那时候正是肺病好了没多久，虚弱的身体太需要营养。

半年磨合下来，艾玛接受了施松卿，与她建立了真挚的感情，中文水平也提高了不少，勒戈夫很高兴，给施松卿增加了薪水。这时候他要调离滇缅公路，临走时他又将施松卿叫到楼上，说："我马上要离开中国，我希望走时你也一道跟我走，到法国去。"施松卿大吃一惊："这，这是不可能的，先生，我不可能跟你到法国去。"勒戈夫很不解，说："为什么？施小姐，我不明白你为什么拒绝？我这完全是为你着想，你年轻，又有文化，法国比中国好，很多中国人做梦都想去法国，就是得不到这样的机会。"施松卿连连摇头："这是不可能的，先生，我不可能跟你走。"勒戈夫说："先不忙着拒绝，施小姐，你回学校好好想想，这对你来说是一个绝好的机会，我希望你想通了，想明白了，再来找我，我等着你。"

施松卿从楼上下来，心里说：这是不可能的，想也不用想。她拒绝了勒戈夫的一番好意，毕业后跟随汪曾祺来到了建设中学。

当时建设中学牌子打得很大，叫"中国建设学校"，学校刚刚由几个联大毕业的同学筹建，一无所有，薪水无从谈起，一天管两顿饭，还总是半饱不饱的。汪曾祺颇为发愁，有一天两人结伴到田野上散步，忽然看到一大片胡萝卜田，汪曾祺忽然说：“哎，松卿，我们买点胡萝卜吃，好不好？联大女生，不是最爱吃胡萝卜吗？”施松卿说：“好呀，联大的女生，一向是把胡萝卜当水果吃的，你没吃过吗？昆明这里的胡萝卜，很甜呢。”汪曾祺向农民买了一捧胡萝卜，拿到池塘里洗了洗，就和施松卿边走边吃。这里的胡萝卜真好，浅黄如金，粗而且长，细嫩，多水分，微微的甜。施松卿说：“你知道联大的女生为什么爱吃胡萝卜？”汪曾祺说：“饿呀，又没有别的吃的。”施松卿说：“你只说对了一半，我告诉你，据说这种胡萝卜含有少量的砷，吃了可以驻颜，就是美容，这种说法有没有科学根据，只有天晓得了。”汪曾祺故意地凑近施松卿左看右瞧：“怪不得你这么美呢。”施松卿吃着胡萝卜，得意地说：“那当然啦。”

生活中有了爱情，再困苦的生活也是甜美的。汪曾祺提笔写作，情不自禁地将心爱的人写入作品中。他后来写的小说《牙疼》和《落魄》中，都有施松卿的影子。他那时候经常牙疼，疼得腮帮子都肿了，每次疼起来都让施松卿很揪心，断断续续疼了好几年。以至于后来有人问他为什么不到北平而去了上海，他这样说：“去上海为了治牙疼。”他和施松卿在昆明分别时，施松卿哭着扔下一本书来，书里夹着纸条，上面写着：“这一去，可该好好照顾自己了。找到事，借点薪水，第一是把牙治一治去。”短短的几行字，情真意切。汪曾祺把这张纸条一直夹在书中，当成书签。

猫眼儿手镯

一九四七年初夏，施松卿接受了北京大学的应聘，去西语系当助教，她接到聘书的当天下午就给汪曾祺拍了电报，说她北上打算绕道上海来看他。汪曾祺早就想着要她来，好和她订婚，这是他计划很久的一件事，他想趁这个难得的机会给办了。几乎在接到施松卿电报的同时，他也去邮局给父亲拍了电报，让他赶到上海来见一见他未来的儿媳妇。汪菊生当时正在镇江躲避战乱，从镇江到上海来很方便，当时的沪宁线和现在比没有太大的差别，汪菊生比施松卿早十多天来到上海，天天帮着汪曾祺做饭炒菜。

施松卿到上海的当天，汪曾祺和汪菊生都去十六铺码头接她，甚至连黄永玉也赶了去，多年以后黄永玉写道："见过曾祺父亲，是个戴金丝边眼镜的笑眯眯的男人。"汪菊生就是这样的人，他看到施松卿十分开心，汪曾祺相中的人，他不会反对的，只要儿子说好就好。一顿饭吃完，两个人就算订婚了。但是吃了饭，汪菊生要带汪曾祺和施松卿到外面"白相"——施松卿并没有多想，她是第一次来上海，以为未来的公公要陪她逛逛上海滩，她正好也想看看。几个人一路逛来，逛到城隍庙一家"老庙黄金"，汪菊生把施松卿带到柜台边，拿出一只猫眼绿手

图24：汪曾祺与施松卿的结婚照。

图25：一九四九年，汪曾祺和新婚夫人施松卿。

镯对她说："来，小施，这个你试试，看看合不合适。"施松卿当下惊呆了："伯父，您这是干什么呀？"汪菊生说："你和曾祺订婚，空口说不行，见过大人也不行，我们老汪家是规矩人家，老汪家儿子订婚，一定要有模有样。这只猫眼儿手镯，我几天前就来看好了，我喜欢，想必你也会喜欢。"施松卿一看标价，更加吃惊："太贵了，太贵了，我不会要，不可能要，曾祺，我们走吧。"她拖起汪曾祺就匆匆离开，汪曾祺拿不定主意，期期艾艾地说："要不，就听父亲的话吧，反正一辈子就这一次，就依了父亲心愿，毕竟是他的一片心意。"施松卿根本不听，拖着汪曾祺一溜烟跑远了，丢下汪菊生在那里无计可施，只好放下那只早相好了的猫儿眼手镯，怏怏地跟着他们离开。

几天后汪菊生还耿耿于怀："什么东西都没买，这订什么婚呢？"施松卿只好说："没什么，我不计较这些形式，只要和曾祺好就行。"晚上避开父亲汪菊生，汪曾祺说："要不就依了父亲吧？"施松卿白了他一眼，说："那么贵的东西，我怎么可能要？我不是小姐太太，我是独立女性，我怎么可能要你们地主家的东西？"汪曾祺听了也不生气，这些话施松卿在他面前说过好几次，他太了解她了，只是听着，两个人在上海大马路上左一趟右一趟地逛。施松卿忽然一摆手，坐在马路边，看着汪曾祺，说："喂，你想好了没有啊？你在上海，我在北京，我们一南一北，这不成事的。"汪曾祺说："我天天在想，我想得头痛了，现在外面兵荒马乱，找工作很困难，我在上海找怕了，怕到了北京又得从头开始。"施松卿一听，很生气，当即说："早知道这样，我们订什么婚？你要给我买什么猫儿眼、狗儿眼手镯？"施松卿站起来就走，虽然被汪曾祺劝和，但是她心里结下一个老大的疙瘩。两个人后来一南一北靠通信联系，施松卿想起汪曾祺不愿来北京和她团聚就不开心，有时候几个月也不给他来一封信。汪曾祺无法忍受，他左思右想了大半年，最后还是痛下决心告别上海去北京和施松卿团聚。

一切就如同汪曾祺设想的那样，初入北京的生活和初入上海的生活几乎一模一样，找了半年也没有找到工作，他只得借住在北京大学红楼一个同学宿舍中，加了一个铺子。施松卿也在北大，吃饭全是她从食堂打了送来。汪曾祺急得像热锅上蚂蚁，但是这一次因为有施松卿、有沈老师在身边，比在上海那段居无定所要好一点。后来，还是他的沈老师帮忙，让他在午门楼上的历史博物馆做了一个抄古董标签的办事员。不久，解放军进入北京城，汪曾祺入伍，这时他和施松卿做出一个重要决定：结婚。

“她很像伊丽莎白女王”

施松卿是个向往革命的新女性，解放军的先头部队从西直门那里源源不断地进入北京城，她和汪曾祺就在群众队伍中。成千上万的市民高呼“毛主席万岁！”，还有人将“解放了”三个字写在衣服上。施松卿十分兴奋，汪曾祺却有点忧心忡忡。回到住处，施松卿决定马上结婚，让他们的爱情随新中国一同成长，这是最有意义的一件事情。汪曾祺也同意了，他们没有通知亲友，甚至没有告诉双方父母，更不必搞什么仪式，就两个人去领结婚证，然后搬到一起，这就够了。

结婚那日风和日丽，一大早施松卿和汪曾祺穿上干净的衣服就出了门，虽然在北京生活了这么长的时间，却从来没有好好逛过。两个人从天安门开始，然后到故宫，接着又去了北海公园。到北海公园时已是下午，汪曾祺肚子饿了，对施松卿说：“今天是我们的大喜之日，应该好好吃上一顿。”施松卿赞同，可是两个人掏遍了袋，也凑不起美美吃一顿的饭钱。施松卿说：“其实吃什么都一样的，那边有个小饭铺，我们就去吃碗面吧。”汪曾祺说：“就吃面吧，也只能吃面了。”他们走进这家很小的饭铺子，要了两碗面。多年以后，两人总是为结婚那天在哪家饭铺子吃面争来争去。施松卿说是北海公园，汪曾祺则记得是中山公

图26：一九九三年，施松卿和汪曾祺在海南天涯海角。

图27：满头白发的施松卿，确实有点像“伊丽莎白女王”。

园。因为施松卿是学英语的，记单词是她的强项，后来汪曾祺就认可了施松卿的记忆。不过，汪曾祺记得那面条很筋道，汤也很鲜美，他吃得额头上冒出一层细细的汗。还有那天的阳光他也记得，那阳光多好啊，就如同他们的爱情。

两个人吃完面后，天色慢慢黑下来，汪曾祺和施松卿走在夜色里，互相看着。忽然，汪曾祺说："我们这就算是结婚了？"施松卿说："那你还想怎样？"汪曾祺说："一个人都没通知不要紧，我想，还有一个人，怎么着也应该和他说一下。"施松卿说："就是，我也是这样想。"两个人心照不宣，当即坐公交车来到沈从文家。沈从文和张兆和正在吃饭，看到他们进来，说："这么晚了，你们过来有事？"汪曾祺笑着说："我们结婚了。"张兆和大吃一惊："你们结婚了？怎么早不告诉我们？"

结婚头几年，两个人小日子过得还算平静，孩子一个接一个出生。施松卿是个工作狂，从北大调到新华社做记者，外出采访就是常事。汪曾祺则随军去了汉口，几个孩子就在家。好在新华社有食堂，孩子们饿了自己会拿着饭票去食堂打饭吃。这样的日子没能维持多久，几年后的春天，汪曾祺下放到了张家口沙岭子农业研究所劳动改造。临走时，孩子们不在家，施松卿看着汪曾祺在磨磨蹭蹭，说："你不要有什么顾虑，一切有我在家。"汪曾祺不说话，施松卿又说："你等等，我们到外面逛一逛。"汪曾祺嘴上说："都这个时候了，还逛什么呢？"但还是跟着她就出了门。

汪曾祺以为施松卿要给他买点吃的，谁知施松卿带着他一直到了王府井那边的商场，直接来到手表专柜前，一一看下来，然后指着一排苏联手表，说："就这只，你看好吗？"汪曾祺说："给我买？"施松卿说："那当然，你到外面，没手表哪行？"当时的苏联手表很值钱，是奢侈品。汪曾祺推让着："这么贵的东西，我不要，我不配戴。"施松卿拿起表，强行戴在他手腕上，然后说："你要受苦了，我只能买最好的东西给你。"这样一说，两个人都很伤心，当即流下眼泪。施松卿说："你放心走吧，争取早日回来。我要参加军训，不能送你了。"汪曾祺看着施松卿匆匆离去的背影，心里很难受。回到家他坐下来想给她写一封长信，可是写了撕撕了写，最后只写了这样一行字：

松卿，等我五年，等我改造好了回来。

曾祺

施松卿和汪曾祺相濡以沫一辈子，也管了他一辈子，她成了他的女王。晚年的施松卿头发完全白了，但是无论走到哪里，都身腰笔直面带微笑，显得高贵而优雅，这种气质让作家铁凝也禁不住赞叹。铁凝有一次在看望过汪曾祺和施松卿之后，对身边的随同人员说："她很像伊丽莎白女王。"

合肥四姊妹

“我行过许多地方的桥，看过许多次数的云，喝过许多种类的酒，却只爱过一个正当最好年龄的人。”这是沈从文情书中的一句话，这几百封情书的收信人只有一个，她就是著名的合肥四姊妹之一：张兆和。

熟读中国近代史的人都知道合肥张家四姊妹，四姊妹名声仅次于宋氏三姐妹，她们的曾祖父是晚清名臣张树声，名门之后官宦世家，总是她们出道的唯一背景，这是无可奈何的事。《清史稿》有传云：“张树声兄弟九人，排行老大，皆为淮军将领，靠抗击太平军发迹，终成可堪李鸿章的大家族。”祖上虽为显赫家族，但到了四姊妹这一代，已家道中落。四姊妹的父亲张冀牖是一位开明的教育家，听从蔡元培的建议，只身来上海办学，后将家眷从合肥迁至苏州，在苏州创办平林男校与乐益女中，聘请张闻天、柳亚子、叶圣陶等名家来教书育人。学校风气开放，学生们人人剪短发、开运动会、演话剧，还用英文对白上演莎士比亚的名剧《威尼斯商人》。

在开明的家庭氛围熏陶下，四姊妹个个冰雪聪明才情过人，她们喜欢一同出行。四个穿旗袍的姊妹，如同四朵妖娆的姊妹花，一同去上学，或者一同去看戏，娉娉婷婷，不知爱死了多少年轻人。叶圣陶当时

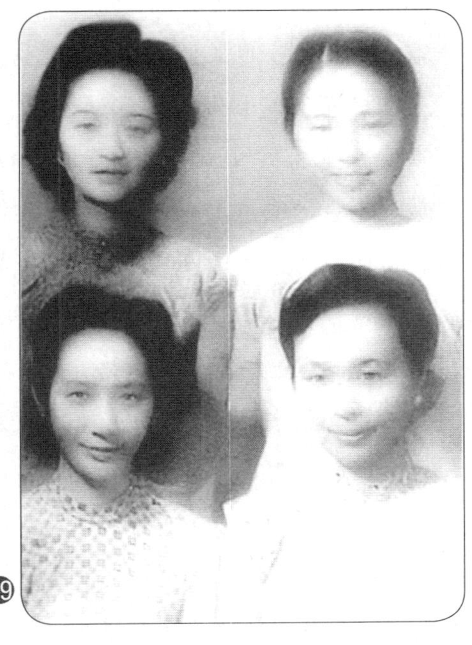

图28："黑里俏"张兆和。

图29：合肥张家四姊妹。

在张家学校当老师，穷教师的叶圣陶其时一文不名，对张家四姊妹想都不敢想。他倒是经常出入张家来看望张校长，后来他对同事说："九如巷的四个才女，谁娶了她们都会幸福一辈子的。"这个穷小子也只是隔着窗户痴痴遥望而已，他们也是眼睁睁地看着四朵姊妹花一朵朵飞出张家老宅：大姐张元和，擅长昆曲，《游园》、《惊梦》唱得风吹花落，她嫁给了昆曲名流顾传玠。二姐张允和，诗书格律最为精通，她嫁给了语言学家周有光。三姐张兆和西语系毕业，嫁的是著名作家沈从文。四姐张充和才华最齐全，能写诗、通音律、会画画，最是多才多艺，她嫁的是美籍汉学家傅汉思。对儿女们的教育，张冀牖的方法就是"散养"，放任不管，也包括她们的爱情。她们带了小伙子回来，他甚至不问男方什么职业，家庭背景，只要女儿开心他就开心。有老友来家中提亲，他一听就摆手："这个事我不管，我也管不着，你最好找小姐们直接去谈，她们同意，我不会反对。"

在这样的家庭长大，张家女儿个个敢做敢当，最胆大的要数张兆和，她皮肤微黑，喜欢照着男生的衣着打扮，言谈举止也如同一个调皮捣蛋的坏小子。她的爱好也和坏小子一样：喜欢运动，走路从来不怎么走，喜欢跑、跳。一双眼睛又黑又亮。她在班上不是最漂亮的，但却是最特别的。当时沈从文在中国公学当老师，而且正是张兆和的老师，他上第一堂课就注意到了她。后来又发现，她的作文不错，这让他很开心，想象着以后他们在一起应该有很多话可以说，有时候，他给她写的评语比她的作文还要长。

不久，沈从文看到令他吃惊的一幕：那是中国公学举行体育比赛最后一项长跑，五个即将冲刺终点的学生中间，一个后来居上的姑娘突然中途发力，像一匹黑马狂奔而出，远远将其他同伴甩在后面，眨眼之间就冲到终点。全场沸腾起来，沈从文认出那匹黑马就是张兆和，他惊呆了。十八岁的女生张兆和在这次体育比赛中夺得女子全能第一名，她在赛场上一路飞奔的样子让沈从文久久不忘，他觉得她是一匹黑马，又是一只展翅高飞的凤凰，他在心里给她取了一个名字：黑凤。

比赛之后，张兆和一下子成了学校名人，走到哪儿都有人在背后指指点点，沈从文陷入谵妄的苦恋之中，每天回到宿舍什么事也不干，就是呆呆地坐在桌前，眼前全是黑凤一路飞奔的影子。那些春天的夜晚，沈从文熬夜给她写下第一封情书，然后趁着夜色掩护悄悄送到张兆和宿舍楼下信箱——箱信里塞满了求爱信，全是给张兆和的求爱信。沈从文用力将那封信塞进去，他顽固地爱着她，没想到她也顽固地拒绝着他——

癞蛤蟆第十三号

自从在全校体育比赛上获得女子全能第一名后，张兆和名声大振，求爱信像雪片般飞来。张兆和很得意，没事时就将那些信一一铺在床上，和二姐张允和一起阅读，甚至调皮地将这些来信一一编号，分别是青蛙一号、青蛙二号、青蛙三号。沈从文老师的来信让张兆和吓了一大跳，她一时不知道怎么办，问张允和："你看这封信怎么处理？"张允和将沈从文的来信细细看了一遍："这个事你自己拿主意。"张兆和想来想去，还是决定保持沉默。

沈从文见张兆和很多天没有任何动静，忍不住了。作为老师，他爱上女学生应该会有很多方便，可是一向胆怯的沈从文却不敢面对张兆和，甚至在课堂上目光与张兆和碰在一起，也赶紧移开。他想忘掉她，却不可能——爱情就是一个魔鬼，沈从文着了魔，他控制不了自己，不停地给张兆和写情书，由几天一封变成一天一封，一个星期后，张兆和那里一下积累了十三封沈从文的求爱信。张允和说："我看这个人是疯了，你打算怎么办？"张兆和不说话，一封一封给沈从文的求爱信编号，从癞蛤蟆一号一直编到癞蛤蟆十三号，张允和看到"癞蛤蟆"三个字一下子笑得直不起腰，对张兆和说："亏你想得出。"张兆和说：

图30：张兆和和大姐张元和、四妹张充和在北京。

“我都不理他了，他像发了疯一样，这不是癞蛤蟆想吃天鹅肉？”张允和说：“沈老师好歹是老师，你不能这样说他。”

张兆和的沉默让沈从文误以为被拒绝，心里非常难受，但是他爱张兆和啊，控制不住要给她写信：“想到所爱的一个人的时候，血就流走得快了许多，全身就发热作寒；听到旁人提到这人的名字，就似乎又十分害怕，又十分快乐。”沈从文用手术刀般的文字，一点一点地切下自己的每一丝情感，装进一封封的情书寄给张兆和。无奈，爱情实在勉强不来，这些情书扔到地上还能听到个响声，但就是没在张兆和心中激起半点涟漪。沈从文大病一场，还继续写情书：“男子爱而变成糊涂东西，是任何教育不能使他变聪明一点，除非那爱不诚实。”他几乎乞求张兆和：“莫生我的气，许我在梦里用嘴吻你的脚，我的自卑处，是觉得如一个奴隶蹲到地下用嘴接近你的脚也近于十分亵渎了你！爱情使男人变成了傻子的同时，也变成了奴隶，不过，有幸碰到让你甘心做奴隶的女人，你也就不枉来这人世间走一遭。做奴隶算什么，就算是做牛做马，被五马分尸，大卸八块，你也是应该豁出去的！”

有一天晚上，沈从文将情书又塞进张兆和的信箱，然后他抬头看着那黄黄的灯光，张兆和的影子在窗户上晃来晃去，他有点发痴。正好此时张兆和同宿舍的好友王华莲经过，他突然像捞到救命稻草，希望“曲线救国”，想通过王华莲把张兆和叫出来。王华莲摇头说：“这根本不可能，成百上千的优秀男士都在追求张兆和，多的时候一天可以收到几十封情书，她从不回信，而且很烦。”沈从文一听，就当着王华莲的面失控地哭起来，当即说：“如果我失败，只有两条路可走，一条是刻苦，使自己向上走；这是一条积极的路，但多半我不走这条的。另一条有两条分支，一是自杀——”底下的话他没有说下去。王华莲很快把这件事告诉了张兆和，张兆和气愤地说：“他这是什么意思啊？想出气吗？要闹得我和他同归于尽吗？那简直是小孩子的气量。我想，我不怕！”

沈从文流鼻血的老毛病又犯了，动不动就血流不止，校园里一时谣言四起，说沈从文爱上张兆和，求爱不成要自杀。那天沈从文拿着一本书出现在图书馆平台上，马上就有人传言他要跳楼自杀。张允和也紧张起来，找到妹妹说：“兆和，这要是出了人命，你可是千古罪人。”张兆和得知学校人人都知道她和沈从文的师生恋，也急得跳脚。突然，她抓起这些信恨恨地说：“给他脸他不要脸，我找胡校长去。”

张兆和满脸通红地出现在校长室，胡适认识这个女子全能第一名获得者，在离她较远的一张沙发上坐下来，微笑着说：“密斯张，有什么事同我商量，请尽量说吧。”张兆和将一包信递到胡校长面前：“胡校长，您看看，这个沈老师对我是这个样子。”胡适随意地翻了翻信，说：“他好像非常顽固地爱着你。”张兆和马上毫不客气地说：“可是胡校长，我也是非常顽固地不爱他。”胡适忽然笑起来：“你们老家是合肥人，我也是安徽人，我们是老乡，要不我跟你爸爸说说，做个媒。”张兆和一听大吃一惊，这胡校长怎么和沈老师是一伙的？她一时十分紧张，站起来说：“胡校长，你千万不能去讲——”胡适反问道：“为什么你不喜欢他？我认为他是天才，中国小说家中最有希望的一个人。”张兆和听到胡校长一直喋喋不休地说下去，急了，说：“可是，胡校长，我并不爱他呀？”胡适看着张兆和，忽然说：“那么这样好了，你们做一个朋友，一个普通的朋友，可以吗？”张兆和说：“本来做个一般的朋友挺好了，可是，沈老师和他人不一样，做朋友他会一直误解下去，这样没完没了，我可真要痛苦死了。”胡适拍拍大腿说：“嘿，怎么说呢，社会上有了这样的天才，人人都应该帮助他，因为天才难得，应该给他发展的机会。他崇拜你是崇拜到了极点……”张兆和很不开心，这胡校长不是逼她做沈从文的女朋友吗？而且这些话听起来也不像一个大学者大校长说的话，分明是一个兄弟替他一个哥们在强做媒，张兆和一赌气，就离开了校长室。站在校长室外，张兆和不知道该怎么办了。

他顽固地爱上她的顽固

这一年暑假，张兆和回到苏州老家，这时候沈从文在青岛大学教书，他的情书仍然如同雪花般飞到了小城苏州。可是，情书远远不能解决他的情感饥渴，她在家排行老三，他称她为“三三”，你该知道他笔下为什么会有女孩子叫三三了。时空的阻隔让他备受煎熬，可是，除了写情书他还能有什么办法？他仍然每天一封：“三三，乖一点，放心，我一切好！我一个人在路上，看什么总想到你。”“有上万句话，有无数的字眼，一大堆的微笑，一大堆的吻，皆为你而储蓄在心上。”

巴金正在青岛大学，晚上陪沈从文到桃花林中散步，看到日渐憔悴的沈从文，他劝慰他：“你这样折磨下去身体要毁了，要不，你不妨去苏州看看。”沈从文说：“她很顽固，不知道去是不是很合适。可是，我也很顽固啊，一点办法也没有。”两个人在桃林里来来回回地走，巴金还是劝他去看望张兆和，他犹豫了好几天，最后还是接受了巴金的建议，卖了一本书的版权，托朋友购买了一大捆书——西方文学名著，然后南下苏州，敲响了张家大门。其实他在信中把来的日期告诉了张兆和，张兆和看沈从文的信成了习惯，但是她从来不回，明知沈从文今天要来，却故意躲了出去，也不和家里姐妹们说。

图31：恋爱时的沈从文与张兆和，看上去有点羞涩。

图32：新婚时的沈从文与张兆和。

沈从文带着沉重的书站在张家门外，青布长衫已经湿透了。是张允和开的门，她一看是沈从文，吃了一惊。沈从文站在狭窄的巷道里，一脸汗水。张允和说："沈老师，您进来吧，外面太阳好大，我妹妹上图书馆去了。"沈从文放下礼物，说："她不在家，我走了。"张允和追上来："哎，你怎么走了呢？这么老远地赶来，总得住几天啊？"沈从文想了一会，说："我先住前面的旅馆，再逛逛苏州园林。"其实，沈从文哪有心思逛园林？他躺在旅馆床上正胡思乱想之际，张允和"押"着张兆和来了，将张兆和推进来，返身带上门就走了。张兆和坐了老半天，才有点不情愿地开了口："听说你想逛苏州园林啊？"沈从文点点头。张兆和站起来说："好吧，我陪你。"她的口气有一些无奈，也有一些认命。沈从文看到她很不开心，没有要她陪他——她带着这样的情绪，两个人游园也不会开心。张兆和完全出于礼貌，坐了一会儿走人。回到家就冲张允和发火："你把门一关什么意思？我好歹也是大家闺秀，被你推进去和一个男人待在旅馆房间里，成什么事？"张允和看到妹妹态度，不客气地教训她："人家大老远地从青岛过来看你，这么热的天，还带着这么多的礼品，你这样做像话吗？他爱你有什么错？要是我是他，才不会爱你。"张允和噼里啪啦一顿，把张兆和骂得狗血喷头。又搬过来沈从文的礼品给张兆和看，全是书，她随手拿起两本：屠格涅夫的《父与子》和《猎人日记》。还有托尔斯泰，陀思妥耶夫斯基，全是英文版本，因为张兆和的专业就是英文，他专门给她买的。书中还有一对书夹，长嘴鸟造型，别致又独特，张家五弟爱不释手，他对沈从文相当好奇，一定要去旅馆看他。最后张允和带着他去看望沈从文，将他接到家里来玩。张家五弟还亲自顶着大太阳到巷口给他买了一瓶汽水。

沈从文回青岛后，仍然情书不断，他写给张兆和，也写给张允和。苏州之行，善解人意的张允和给他留下极深的印象，他想通过二姐做通三妹的思想工作。不知道张允和怎么做的月下老人，每天一封来信渐渐地让张兆和适应了沈从文、习惯了他的爱，她变得不再那么顽固。或者说她的顽固在沈从文的顽固面前再不能顽固下去——这个有才华、有名望的男人是多么爱她？在他的文字里她是一个女神，而且，他死心塌地地只爱她一人。她动摇了，她融化了，她妥协了，她接受了这个动不动就哭、动不动就流鼻血的乡下人。她从小到大脾气都很大，甚至绝食，甚至一剪子剪掉布娃娃的脑袋。她从来不听别人的，也不稀罕任何人的关心和好意，她不愿意把自己打扮得秀气，永远穿一件男子的蓝粗布袍子，甚至穿着它去参加闺密的婚礼——但是，她终于低下高傲的头颅，只为这个把她写进小说里的男人。

生活像小说一样

沈从文为张兆和写情书，也为她写小说，他在情书中这样说过："有了你，我相信这一生还会写出更好的文章。"他的许多小说其实都拿张兆和来做原型，像《边城》里的翠翠，《长河》里的夭夭，《三三》里的三三。也可以这样说，如果没有张兆和，就没有《边城》，没有《长河》与《三三》。

"翠翠在风日里长养着，把皮肤变得黑黑的，触目为青山绿水，一对眸子清明如水晶。自然既长养她且教育她，为人天真活泼，处处俨然如一只小兽物。人又那么乖，如山头黄麂一样，从不想到残忍事情，从不发愁，从不动气。平时在渡船上遇陌生人对她有所注意时，便把光光的眼睛瞅着那陌生人，作成随时皆可举步逃入深山的神气，但明白了人无机心后，就又从从容容地在水边玩耍了。"这是《边城》里的翠翠，这个"皮肤黑黑的"翠翠就是少女张兆和，她的"眸子清明如水晶"，又如同"山头黄麂一样"，这就是张兆和。当年在中国公学，张兆和皮肤稍黑，活泼俏丽。沈从文有一次放学回家，经过操场，那是春天的傍晚，晚霞在天边层层铺排，没有晚霞的地方天色一片湖蓝。操场边的晚饭花正在绽放。他忽然听到一阵悠扬美妙的口琴声，抬头一看，就看到

图33：沈从文一家三口和妹妹沈岳萌。

了张兆和。张兆和独自一人边走边吹口琴，她走得飞快，随着口琴的节拍带点跳跃和弹性。走到操场尽头，潇洒地将头发那么一甩，转身又往回走，仍是边走边吹着口琴，动作利索，神采飞扬，沈从文看呆，忍不住在心底赞叹：真美啊。她的皮肤微黑，被同学们称为黑牡丹。后来沈从文小说中很多女孩子全都是“黑里俏”，像《三三》中的三三，《箫箫》中的箫箫——

三三、夭夭是美的，翠翠或箫箫也是美的，她们全都是张兆和的化身。生活永远都是琐碎的无趣的，张兆和也不会永远生活在小说中，随着孩子一个个出生，柴米油盐的烦恼让出身富家的小姐无法应对。而沈从文一味装绅士，完全是在装，这个装出来的绅士其实就是个穷瘪三，永远让张兆和烫发穿旗袍，做出风花雪月的样子给别人看。捉襟见肘的生活让张兆和十分愤怒，她带着孩子回到苏州。这时候另一个三三或夭夭在沈从文身边出现了，这个女人叫高青子，是当时内阁总理熊希龄的家庭教师，她美丽而知性，更懂文艺，吻合了沈从文心目中的情人形象。生活在这里就如同小说一样，沈从文去访熊希龄不遇，正准备离开，高青子叫住了他“先生，请等一等。”沈从文听到女孩子在背后叫他，停住脚步，女孩子追上来，脸微微红了：“请问，您是沈从文先生吧？”沈从文点了一下头：“是，小姐，你叫什么名字？”女孩子满面通红：“我姓高，叫高青子，我在熊总理家做家庭教师，沈先生，我读过您很多很多小说，我太喜欢您的文笔。”沈从文点了点头：“是吗，有您这么漂亮的女读者，确实是我的荣幸。”高青子说：“我从小喜欢文艺，很喜欢，很痴迷，可是，很可惜，我只读到高小毕业，文化基础太浅。”沈从文笑起来：“你还读到高小毕业？我只是断断续续读了几年小学，你比我文化可高多了。”高青子说：“可是，我哪能跟沈先生比，您是天才，是文曲星下凡。”两个人一时无话，沈从文就站在春天的阳光下，不知从何说起。高青子突然说：“要不，我送送沈先生。”

沈从文说："不用，不用，高小姐，你还是留步，留步，有空我还会再来的，以后有时间我们再好好谈谈文学。"高青子微微颔首："谢谢沈先生。"

一个月后，沈从文又一次来到熊公馆，办妥了事情后，熊希龄坐车走了，叮嘱高青子陪沈先生吃饭。那时候时令已近晚春，熊家后园里花草茂盛，微风中送来一阵阵馥郁的香气。当高青子再一次出现时，沈从文发现她换了一身衣裳，是一件绿地的起小黄花的绸缎夹衫，脚上是一对浅粉色鞋子。让沈从文怦然心动的，就是她的衣袖口拼贴了一块淡淡的紫，他惊讶地发现，高青子这件衣服是仿照他的短篇小说《第四》中的女主角的衣裳。他记得他这样描写他笔下的女主角："优美的在浅紫色衣包裹下面画出的苗条柔软的曲线。"沈从文专注地看着那一块紫，忘了吃菜。高青子给他夹菜，轻轻地说："沈先生，菜凉了。"看着沈从文的呆愣，她仿佛有点小小的得意，她并不掩饰，就让得意显露在脸上。沈从文满心欢喜，反映在外表仍然只是点点头，一刹那间他很喜爱这个聪慧的女孩子，喜欢她的兰心蕙质与细密的心机，当然更喜爱她的文艺直觉——她一定读遍了他的小说与散文，并熟记每一处细节，而且在心灵上与他还有许多共通之心，比如这一片小小的"紫"，那其实是沈从文的匠心，是他的甜美与忧伤。

饭后，高青子拿出她的小说手稿，上面写着一个大大的字：紫——下面有她的署名：高青子。又是一片紫色，仿佛触摸到沈从文心头隐蔽的某个不为人知的角落，他有点慌乱，一目十行地匆匆读完这篇小说，点点头说："很好，很美，我留用。"高青子很高兴："能得到沈先生夸奖，我太高兴了。"沈从文说："小高，你一支笔一颗心，就是为文学准备的，希望你一定要坚持下去，不要半途而废——相信我说的没错，过不了几年，文坛将会又冒出一个林徽因，或凌叔华。"

《紫》这篇小说后来发表在沈从文主编的《国闻周报》一九三五

年第十三卷四期，那一段时间，他仿佛痴迷了一般，与高青子书来信往。而高青子也在沈从文鼓励下不断写出一篇又一篇佳作：《黄》、《黑》、《白》、《灰》——在小说中，高青子毫不掩饰自己爱上沈从文的痛苦与彷徨。一直到她的小说集《虹霓集》出版，张兆和才似乎发现一些眉目。她一向不太喜欢文艺，对沈从文真正的内心，也缺乏必要的了解，只是隐隐地感到他近半年时间有点不对劲，与她缺乏沟通，这在他们婚姻中一直是正常的现象。可是这一天她偶然在沈从文书桌上发现一本新寄来的散发着油墨香气的《虹霓集》时，她有点吃惊，翻开第一篇小说《紫》，她一下子恍然大悟。

紫绸衣

《紫》是从八妹的角度来叙述哥哥与两个女子的感情纠葛。哥哥有未婚妻珊，却在一个偶然的机会邂逅并爱上了一个名字叫璇青、爱穿紫衣、有着“西班牙风情”的美丽女子。哥哥在两个女子间徘徊，一个即将订婚且相爱，另一个是红颜知己、互相吸引，激情与克制，逃避与痴情……张兆和越看越激动，越看越生气，这不就是她与沈从文的生活吗？小说中这个八妹，就是九妹；未婚妻实则就是已婚妻张兆和，另一个璇青，分明就是这个女作家高青子——她一时气得睡不着，想马上去找沈从文，走到门前却停住脚步，闹得满城风雨，太难堪了吧？

当天晚上沈从文很晚才回家，一进门，张兆和突然从床上跳起来，啪的一声将书重重地扔在他面前：“这个高青子是你什么人？你帮她发表小说，还帮她出书，你看看她在书里都写了些什么？‘优美的在浅紫色衣面包裹下面画出的苗条柔软的曲线。’”沈从文低低地说：“只是小说。”张兆和说：“小说可以这样写，那么在生活里，她也可以这样做了，她在小说里对你一派痴情，你还装聋作哑？这本书，是你们的柏拉图的爱情纪念了？”沈从文坐着一句话不说，仿佛生了病一般，而且还病得很重。半夜里，沈从文坐到张兆和身边，说：“我一直想告诉

图34：就在民国总理熊希龄香山别墅大门前，沈从文第一次见到高青子。

图35：汪曾祺的画：《红花莲子》。

你，只是没有到时候，和高青子交往，我从来不曾想过要隐瞒你，她是熊先生家的家庭教师，我可以将我与她交往的全部经过说给你听，我不隐瞒你，我喜欢她，你一定要说这是爱也是可以的，但这只是一个作家对一位作者本能的关心与喜爱，丝毫不影响我对你的爱，我对你的爱情一点没变，甚至更加浓纯，但是，我也喜欢她。”

张兆和转过身去，不理他，趁着过年，她回到了苏州老家，并且再不肯回来。沈从文每天给妻子写一封长信，劝她回来。可是张兆和实在气愤，不肯回来。绝望中的沈从文来到梁思成家，向林徽因倾诉他的烦恼。林徽因看着痛苦不堪的沈从文，说：“我在情感上其实比你经历得更多，你可以从我这里吸取一点有益的经验，你的这份苦恼，怕只有我懂得。”沈从文说：“我不能想象我这种感觉同我对妻子的爱有什么冲突，当我爱慕与关心某个女性时，我就这样做了，我可以爱这么多的人与事，我就是这样的人。”林徽因说：“你可以找老金谈谈，他真是能了解的同时又是极其客观地懂得人生的，虽然他自己并不一定会提起他的历史。”林徽因后来跟他的朋友提起向她求助的沈从文：“这个安静、善解人意、多情又坚毅的人，一位小说家，又是如此一个天才，他使自己陷入这样一个情感纠葛，像任何一个初出茅庐的小青年一样，对这种事陷入绝望。他的诗人气质造了他的反，使他对生活和其中的冲突茫然不知所措，这使我想起了雪莱，也回想起志摩与他世俗的苦痛与拼搏。可我又禁不住觉得好玩。他那天早晨竟是那么的迷人和讨人欢喜。而我坐在那里，又老又疲惫地跟他谈，骂他，劝他，和他讨论生活及其曲折，人类的天性、其动人之处和其中的悲剧、理想和现实！”

一年后，经历战乱与流离，张兆和产后拖着虚弱的身体，来到昆明与沈从文团聚。而此时高青子也在昆明，她的身份是西南联大图书馆管理员，正好沈从文妹妹沈岳萌也在图书馆供职，据说高韵秀之名就是高青子从供职图书馆时才开始使用的，而这份职业也是沈从文帮忙得到的。此时沈从文与高青子来往十分频繁，甚至引起流言蜚语。沈从文好像不太在乎，依旧我行我素。而张兆和后来似乎并没有对他多加限制，这源于沈从文一直深爱着张兆和，另外一点也可能是沈从文与高青子之间的爱情，一直停留在精神层面——从来没有进入实质性的紫绸下的身体。至于“紫绸衣下的苗条与柔软”，纯粹只是沈从文的臆想，或者说是文人们接近于艳情的意淫。

红颜不是知己

在张兆和面前，沈从文从来都是“剃头刀子一头热”。在这场爱情里，张兆和永远是冷的，或者说她一直是被动的。她是他的红颜，却不是知己。

高青子情事结束后，两个人重新开始了生活，张兆和却时常为明天的早饭米发愁。沈从文不急，写他的小说，在小说中虚构一些美丽的幻影来麻醉自己，还“打肿脸充胖子，不是绅士冒充绅士”，口袋里实在没钱时，他会偷偷当掉张兆和的首饰去外面潇洒。张兆和很奇怪自己的东西隔段时间少一样，再隔段时间又少掉一样。她追问沈从文，沈从文一副无辜的样子，把张兆和气得够呛，可是又没有办法。一直到她有次帮沈从文洗衣服，在他口袋里发现一张当铺的当票，才发现所有的首饰全被沈从文拿去当铺了，无钱赎回，只好再当。吵也吵过了，闹也闹过了，这样的方法没有一点用处，最终的结局只是让生活越发不堪，越发不浪漫。这时候张兆和已经接近三十岁，无论沈从文给她的情书写得多么动人，在现实生活中，他却没有给予过她实实在在的幸福——她很失望，也很不解，她已经有了孩子，还不止一个，不管怎么说生活总得要继续下去。她开始穿起粗布衣服，自己洗衣做饭。沈从文看着她粗糙的

图36：两连襟两姐妹合影，左起：张允和、周有光、沈从文、张兆和。

图37：晚年的沈从文与张兆和。

如同用砂纸打磨过的手，十分难过。他心有不甘，却也无话可说。他的爱情是属于女神的，而他又没有条件供奉起女神。可以说，他更想要的是精神食粮。可是，张兆和和沈从文都要吃饭，这是无法摆脱的现实。他们俩的这份感情从一开始就是不平衡的，在爱情纯精神层面的投入上，沈从文无疑远远超过张兆和——不管在婚前还是婚后，不管到了哪里，只要离开张兆和，一入夜，他要做的第一件事就是写情书："望到北平高空明蓝的天，使人只想下跪，你给我的影响恰如这天空，距离得那么远，我日里望着，晚上做梦，总梦到生着翅膀，向上飞举。向上飞去，便看到许多星子，都成为你的眼睛了。""××，莫生我的气，许我在梦里，用嘴吻你的脚，我的自卑处，是觉得如一个奴隶蹲到地下用嘴接近你的脚，也近于十分亵渎了你的。"

沈从文这份病态般的痴情张兆和是不理解的，她一直不太理解沈从文，结婚了很多年还是这样。特别是到了新中国成立后，她对沈从文越来越陌生、疏离——沈从文又病了，而且是神经病。家人觉得得什么病不好，非要得个神经病，神经病就是思想问题。沈从文孤独无助，找到丁玲诉苦。这个曾与他那么密切，曾经容他像孩子一样扑到自己怀里哭泣的大姐，此时正春风得意。两人见面，沈从文"如同被一位相识的首长客气地接见"，暖融融的大房间里满是礼节性的冷漠气氛。沈从文彻底崩溃，独自一人蜷在家中，连妻子和孩子都嫌弃他，嫌他拖了他们后腿，他此时走投无路，唯有自杀。他在家中割开手腕及颈上血管，喝下煤油。血液混着煤油从体内汩汩流出的时候，沈从文的眼前浮现的是那个走在中国公学校园里的沈老师，他看到美丽、潇洒的黑里俏女孩一边吹着口琴，一边以充满弹性的步伐奔走、跳跃——他后来倒在地上，被堂弟发现，将他送到医院。昏迷中的沈从文喃喃地对医生说："我是湖南人，我是凤凰人——"张兆和到医院来照看他，看着奄奄一息的沈从文，却更加不理解他，她不明白他为什么要这样做，更不明白他到底是一个怎样的人。随着日月流逝，她对他越发感到陌生，她不认识他了，她对自己和沈从文的婚姻感到不可思议，这样说："是谁个安排了这样不近情理的事，叫人人看了摇头？"

一直到了白发苍苍的晚年，经历了许多人世沧桑之后，为了出版《沈从文全集》，张兆和几乎全部看完了沈从文的作品，包括札记、日记和书信，她开始慢慢走进沈从文的世界，开始懂得了他，理解了这个唯美主义者饱受的苦难。可惜，这时候沈从文已去世多年。张兆和说："从文同我相处，这一生，究竟是幸福还是不幸？得不到回答。我不理解他，不完全理解他。后来逐渐有了些理解，但是，真正懂得他的为人，懂得他一生承受的重压，是在整理编选他遗稿的现在。过去不知道的，现在知道了；过去不明白的，现在明白了……太晚了！为什么在他有生之年，不能发掘他、理解他，从各方面去帮助他，反而有那么多的矛盾得不到解决！悔之晚矣。"

被宠坏了的女孩子

她叫沈岳萌，是沈从文的妹妹，美丽忧伤的九妹。

这个一个从小被宠坏了的女孩子，上头有一个姐姐，七个哥哥，她是最小的一位，全家人拿她当个宝贝宠爱着，每晚像小猫一样睡在妈妈怀里。那么大的一个女孩子，从来都是让妈妈梳辫子穿衣裳。她确实被宠坏了，哪个哥哥回家不给她带礼物，她会又哭又闹，不让他进门。沈从文写过一篇文章，叫《玫瑰与九妹》，在那篇不长的文字里，我们看到一个要风得风、要雨得雨、会撩人又会撒娇的小女孩，全家人都爱死了她——当然，她也确实是一个惹人爱怜的小女孩，稚气、天真，而且还非常聪明、漂亮。

沈从文到北京几年后，总算站稳了脚跟，就迫不及待地把母亲与九妹接来，那一年九妹才十五岁，十五岁的小姑娘长得亭亭玉立娇媚可爱。其实沈从文当时靠卖文为生，他主要为了九妹的前途着想：在湘西大山里，女孩子除了嫁人哪有什么出路？只有到北京、上海、南京等新文化风起云涌的大都市，女孩子在接受到文化教育后，才会有全新的人生。他想让妹妹也像他那样成为一个作家，甚至想送她去国外留学，然后像他熟悉的那些才貌双全的才女凌淑华或林徽因那样名扬全国，九妹还小，有这样的潜质，一切也来得及。

一个小有名气的青年作家，就用他柔弱的肩膀，给九妹铺垫起一块通向成功的台阶。无论在上海的中国公学、北平的北京大学还是在青岛的青岛大学，沈九妹一直跟在二哥沈从文身边读书。沈从文没有文凭，很长的一段时间，他就是靠给报刊撰稿挣生活费。那时候租住在上海霞飞路附近一处老弄堂里，与胡也频、丁玲创办了一家红黑出版社，还编一份《红黑》杂志。

杂志出版了几期总是收不回书款，家里常常揭不开锅，有一天雨下得特别大，亭子间里到处漏雨。沈从文埋头伏在小木桌上赶一篇稿子，家里的一应开销就靠他的稿费。天已经亮了，他浑然不觉，压着一片圆纸头的玻璃罩子灯盏，还在发出微弱的光亮。九妹醒得早，是雨水漏到她脸上来了，她起床拿盆子接好雨水，在叮叮咚咚的雨声中来到桌前，沈从文说："我要你写的那篇小说，你写了吗？"九妹就站在他跟前不说话，沈从文抬起头来，说话声音高了一点，这表示他的不满："你那篇小说写了吗？"九妹说："我没写，我写不出来。"沈从文火了："我推荐你看了那么多法国小说英国文学，你怎么就不能写出一篇作品来？你天天在家，都做些什么？昨晚又睡一个大头觉？"沈九妹说："我不能跟你比，我提起笔来就很空，觉得空空的，没什么东西可写。"沈从文说："你要逼一逼自己，你看看我，一写就是一个通宵，我就是在逼自己。"

沈九妹坐在沈从文对面，不说话，看到二哥苍白发灰的脸，满头蓬乱的长发以及单薄瘦弱的背影，突然无声地哭了。沈从文听到低微的抽泣声，才发现九妹在哭。他停下笔，说："九妹，你为什么难过？"九妹说："我心里很乱，家里一分钱也没有，不能总问人家借，借也借不到，丁玲他们也和我们一样，没有钱。"沈从文说："有二哥呢，那不是你女孩子操心的事。"九妹哭出了声："可是，二哥，你叫我如何安下心来？我放我回老家吧，上海这里费用太高，我们用不起，外面尽是车子，住着也不习惯，不如让我和母亲回凤凰老家。”沈从文凑近九妹：“九妹，你傻啊，你如此年轻，就像一朵花，还没来得及绽放，你怎么能在湘西那些大山终老此生？二哥就是想让你像林徽因那样，凌叔华那样，你要明白二哥的苦心。”九妹哭着说：“可是，你看，我们全都靠着你一个人，这样下去如何是好？”沈从文说：“九妹，别哭，也别急，二哥会有办法，会有办法——你只要将我布置的任务完成就好。”

九妹继续留在沈从文身边读书，这一年的九月，经过徐志摩推荐，沈从文被胡适主持的上海公学聘为教师，经济状况立马改善。随后又接编了中小学教科书，同时兼任《大公报》文艺副刊编辑，家里常常高朋满座，来来往往的全都是作家教授。每有客人来，九妹便出面敬茶待客，有时二哥不在家，她就负责接待客人，为他们安排食宿。可是时间一长，沈从文心里也着急，某天他对九妹说：“二哥带你出来，不是让你做家庭主妇，是让你求学读书，将来做一个有文化有知识的新女性，以前二哥经济条件不好，没有办法，现在我可以负担你读书学习了，这几年你也断断续续插班读了一些书，但是从来不系统，现在我让你系统学习，你想学什么？”沈九妹沉默了半天，才摇摇头说：“我也说不上，反正就是喜欢读小说，要不二哥，你帮我选择吧。”沈从文在她面前坐下来：“你年纪不小了，从头开始也来不及，你自小聪明好学，我记得岳荃背书常常背到一半就忘了，你在一旁就接着往下背，还要嘲笑他，你是有才情的，也能读书。这样好吧，我为你选择法语专业。”九妹一愣：“法语？”沈从文点点头：“对，你一向喜欢读法国小说，巴黎又是一个浪漫之都，你法语学好了，我打算为你请一个法语系的学生来教你，将来你一定要去法国留学，在那里从事写作、恋爱，那该是多么浪漫的事。”九妹好象已置身塞纳河畔，满意地点点头：“行，二哥，听你安排。”

目中无人的理想家

几年法语学下来，九妹已经二十岁。在那个年代，二十岁的姑娘已经是一个大龄姑娘了，迫切需要谈婚论嫁。可能因为没有一点基础，也可能因为太急于求成，反而欲速则不达，九妹并没有像沈二哥所预期的那样能熟练自如地掌握法语。对她来说，法语会话半生不熟，英文书写半通不通，照这样下去，似乎很难有突飞猛进的时候。沈从文开始教她写作，她也写过几篇小说与散文，看看还不错，发表后也没有引起任何反响。九妹不像二哥，有丰富的经历可供写作，她一直拘泥于家庭，人生贫乏而苍白——最终，写作也没有坚持下去。到是一直在阅读，沈从文不在上海，给她准备了一笔钱，让她一边读书一边学会照顾自己。她是既没有好好读书，也不会照顾自己，手边一点钱很快就花光，然后也不去上课，就躲藏在上海弄堂小阁楼里夜以继日地读着法国小说。实在无聊时，会陪着当时失业在家的丁玲去霞飞路逛一逛。两个无业的文学女青年站在初春苍白的阳光下一筹莫展，丁玲说："九妹，我好累呀。"九妹点点头，说："人生太长太长了。"

春天其实并没有来临，那是1931年的春天，胡也频被捕了，沈从文除了四处奔波营救胡也频，又陪同丁玲送她与胡也频的孩子回到常德。

他们不敢将胡也频被害的消息告诉丁玲母亲，早就写好七封信和三个电报，用的都是胡也频的名义，让九妹在他们出发后，不断地发往常德丁玲家，催促丁母早日放丁玲回上海。九妹很顺利地完成了任务，沈从文陪丁玲回到上海后，满意地说："九妹还是挺能干的。"

后来沈从文转到青岛大学教书，他也带着九妹，让她当旁听生。当时他们那个班一共有三个旁听生，而且全是女的：一位是著名报人邵飘萍的女儿邵乃贤，一位是图书馆管理员李云鹤，还有一位就是九妹沈岳萌。可能都是旁听生的缘故，她们三人都是同进同出。当时李云鹤很穷，经常到九妹家蹭饭吃，九妹对她非常好，但是她没有钱，只能给她做饭吃。后来她终于忍不住把李云鹤的事告诉了哥哥。沈从文听后不发一言，到早上他去上课时，拿出两块钱递给沈妹妹，说："这钱给李云鹤。"九妹说："直接给钱给她她不会要的。"沈从文说："那就是说天冷了，给她买毛线织绒线衣。"李云鹤旁听了沈从文的课，开始写小说，将自己的小说《催命符》、《拜金丈夫》、《为自由而战牺牲》等交给沈从文，得到推荐发表，沈老师还特地在课堂上表扬了李云鹤。

当年九妹年纪越来越大，她无处可去，只能跟着二哥。可是，这时候二哥不再是一个人，他成了家，有了妻子张兆和——二哥从来都是一个单身男子，这么多年来，从北平到青岛，从香港再到上海，从来都是她和二哥在一起相依为命，二哥的爱只在她一个人身上。冬天天冷，她也会和二哥睡一个被窝，甚至在他怀里撒娇。可是现在的情况完全不同，哥哥结婚了，一个陌生的女人进了家门，她和二哥睡一张床，她和二哥说悄悄话。紧接着，孩子一个个出生。沈九妹开始觉得，她在这个家里成了多余的人——尽管张兆和是个很好很好的女人，是个从来只用C调说话的女人。实在气极了，也只用降D调说话的女人。但是九妹还是不习惯、不适应，不能接受。随着年龄一天天增大，一事无成的她变得痛苦而焦虑，不知道未来在哪里。沈从文也开始替妹妹着急，看着家里出入的编辑记者、青年学生、作家教授，他开始为妹妹物色理想的伴侣。那时候他们一家几口住在青岛，巴金来家里做客，沈从文和九妹陪他到海边散步。玩得很尽兴。九妹不肯回家，又到樱花林里来来回回走。樱花开如很美，有落英缤纷而下，沈从文和巴金一路谈着文学。九妹间或也插上一嘴，插不上嘴她就猛地摇一下樱花树枝，让樱花雪落满他俩一头一身，然后她大笑着跑到远远的樱花深处。那时候她总是穿一身细格子或素花旗袍，面容清秀，宛若初绽的的樱花一般。巴金后来写文章说："我在他那里过得很愉快，我随便，他也随便，好像我们是有几十年交情的老朋友一样。他妹妹在山东大学念书，有时也和我们一起出去走走、看看。他对妹妹很友爱，很体贴。我早就听说，他是自学出身，因为很想在妹妹的教育上多下工夫，希望她熟悉他自己想知道却并不很了解的一些知识与事情。"

还有施蛰存，施蛰存也对沈九妹有很深的印象，那是抗日战争爆发后的1938年，张兆和带着两个孩子和九妹在香港等船，准备取道越南回昆明。施蛰存正好从上海过来，也要到昆明去。沈从文委托施蛰存与妻子和妹妹同行，以便于途中照顾她们一行。施蛰存与沈从文是很好的文友，一路上细心照顾，后来他幽默地对朋友说："这是我平生一大功勋。"

也许接触到太多大家，也许阅读了太多英法文学名著，九妹的心劲变得高傲，她被生活架空，她成了目中无人的理想家，任何市俗的男子很难进入她的眼界。沈从文曾给九妹介绍了一位先生——燕京大学心理系教授夏云，两人相处一段时间，夏云向九妹求婚。九妹认为夏云仍不符合她对爱人的要求，拒绝了他。等到有一天她开始后悔时，已经无处购买后悔药了。

这时候一向好脾气的张兆和也忍不住开始抱怨九妹，你是读过几年书，但是也没有什么成就。你也长得很美，但也就是一个徒具美丽、并无多少真才实学的女子。你这样下去到底怎么办？随着时间的推移，九妹的性格开始自闭，沈从文也越来越焦急。他到这时才发现，这些年来对九妹的爱，到后来全变成一种害。

虚无飘缈的爱情

事情在1934年似乎出现了转机——这一年，湘西凤凰一个乡下青年谈正文来到北京，他既写散文也写小说，而且对沈从文风格模仿得以假乱真。老家出了这样一个文学青年，沈从文当然鼎力相助。在沈从文的资助下，不久谈正文考取了北京大学。几乎每个周末，他都到沈家来，他喜欢沈家浓浓的书卷味与文学气氛，甚至他也喜欢那个安静的、文雅的、清秀的沈九妹。埋藏在他心里面的一个秘密就是：当年他还在湘西大山里不学无术地流浪时，偶然间看到大作家沈从文的一张全家福：照片上的沈九妹站在哥嫂旁边，美丽的眼睛含着一丝忧伤，深深打动了谈正文。对沈从文的迷恋，对沈九妹的渴望以及对北平的向往，终于让他只身一人走出湘西深深的大山，来到北京寻找同乡沈从文，寻找未来那个玫瑰色的梦。他第一次进入沈从文家，觉得九妹比照片上还要漂亮一些，她听到谈正文说话，迟疑了一下才从里间出来。挑起门帘那一刻，她没有说话，只是对着谈正文微笑。就是那一个会意的微笑，让忐忑不安的谈正文安静下来。

沈从文也看出这一点，对谈正文格外关心，终于看到时机成熟，他对妹妹说："我看谈正文对你有意思，他又考入了北京大学，以后你们同在北京，我看这事情很好。”九妹用脚在地上划圈，过了片刻才说：“我觉得他还不错吧。”沈从文说：“他很好，有才情，又是同乡，你们俩处处看。”沈九妹认真地点点头。

在北大读书的那几年里，谈正文是沈从文家常客，几乎每个星期都来。他一来，沈从文和张兆和借故走开，把时间让给这对年轻人，让他们俩在一起读书，做饭，然后喝茶聊天，最好在一起恋爱。可是，事与愿违——春、夏、秋、冬轮回了一次又一次，谈正文不知到沈家来过多少次，两人的关系却似乎阴晴不定。沈从文急了，和张兆和商量，决定来一次实质性的行动。在一个春暖花开的时节，一家人约了谈正文带着孩子一起去游中山公园。公园里春光明媚花开烂漫，到处是成双成对的恋人，一家人说说笑笑坐在亭子里。张兆和突然说：“龙朱要去儿童乐园玩，我带他去吧。”沈从文马上接口：“不行，你一人不行，我们送你去。”他回头对谈正文与沈九妹说：“你俩人坐这里好好聊聊，我们去儿童乐园玩。”他们一家三口就走了，谈正文即便是傻子，也理解沈从文的一片苦心。可是他与沈九妹坐在一起，就是找不到话说。搜肠刮肚地找到一句，一说出口，下面又没话了。沈九妹似乎也很难堪，很紧张地和谈正文坐在一起，到后来两人干脆都不再找话说，就这样沉默着。这时，过来一大队游人，将小小的亭子站满了，沈九妹站起来说：“走吧。”谈正文默默地跟着她。

谈正文从北大毕业后，怀着一腔热血要奔赴延安参加革命。这一天他在沈家吃过晚饭后，沈九妹坚持要送他。谈正文没有拒绝，他也想给这个不明不白的爱情一个了断。两个人没有坐黄包车，一路沿着横垮白海与中南海的那座汉白玉雕栏石桥漫步。这一次他们不再沉默了，谈正文说：“日本人占领了东三省，华北也面临日本鬼子践踏，全国各地，抗日浪潮风起云涌，我也不隐瞒你，我想到山西去，去参加共产党领导的抗日队伍。”九妹本来与他隔着一段距离，听到他这样说，马上走近了他："我不怕，我什么也不怕，到哪里去我都不怕。"这时候天还没有黑，晚霞正在北海那座白塔后面层层叠叠铺排开来，将她的脸庞映得一片绯红，也使她变得坚强而淡定。谈正文后退了一步，迟疑了半天，才说："你一直待在书斋里，不知道革命的残酷，革命不是小布尔乔亚的罗曼蒂克，革命意味着抛头颅洒热血，自己死了不足道，我不能连累一个没有任何精神准备的好姑娘，我没有这份权利，也没有这份勇气。"他这番话一说出口，沈九妹脸色苍白如纸，她是十分敏感的女孩子，她猜想谈正文不爱她，故意编排出这样冠冕堂皇的理由。她伤心极了，掉头就走。她以为谈正文会追过来，但是他没有，他只是站在石桥上呆呆地望着她的背影——

子虚乌有的归宿

一九三七年七月二十七日这天，谈正文最后一次出现在沈家。他的突然出现让九妹一时不知所措。她和谈正文坐在房间里一言不发，只是不时地抬起头来看着谈正文，眼神里有惊慌、痛苦、怀疑与责备。谈正文始终不肯开口说话，最后连张兆和也十分奇怪，进来看他。谈正文看到师母进来，这才吞吞吐吐地说："我打算到延安去，手头连路费也没有……"张兆和不等他往下说，从口袋里取出二十块钱。谈正文接过来，就匆匆离去，自此便与九妹永远诀别。

谈正文这一走，沈九妹精神好像垮了一样，其实他们的爱情并没有真正热火起来，只是双方心知肚明的会意而已。但不管怎么说，这是沈九妹以恋爱的名义接触到的一个男子，而从她的角度来说，她为这段感情付出了很多很多，今后不可能也再无机遇与时间遭遇到这样的感情。随着谈正文的离去，她的这段感情将付于流水，敏感内向又清高自闭的女孩子无法承受这样的打击，她在痛哭几天之后，性情完全大变，变成了另外一个让人吃惊、也令二哥陌生的一个神经质的女子。她不再体谅二哥的难处，每月沈从文领了工资，很快被她挥霍一空。从前是他和九妹两个人生活，钱花掉了，两个人只好尽可能节省，或者熬夜赶稿子挣

图38：青岛福山路3号，是沈从文和沈九妹居住过的地方。

图39：九妹沈岳萌（右）与二哥沈从文、嫂子张兆和在一起。

图40：漂亮的老房子“芸庐”就是沈家兄弟专门给九妹定做的，后来被拆除。

图41：沈九妹生活了多年的乌宿江滩，现在成了风景旅游区。

一点稿费补贴家用。可现在不行，现在他有一个妻子，两个孩子，这么一大家人，要吃要喝——沈从文第一次感到，这个年纪越来越大、性格越来越古怪的妹妹确实成了他的拖累。他想将她送回湘西，可是，谁愿意接收一个很难说话、脾气很坏、也没有收入的老姑娘？

1940年年初，经香港、越南到达昆明的九妹已经三十多岁了，她的容颜开始憔悴苍老，生命却仍然没有依靠。这时沈从文帮她在西南联大图书馆找到一份工作，空闲时间她开始吃斋念佛，参加当地一些佛事活动。并且完全脱离实际，将沈从文家中的钱财与贵重物品拿去捐赠给寺院。这时候是战时，沈从文日子过得非常窘迫，九妹如此豪阔的行为让他大为生气，这时候他对九妹再没有疼爱，也没有抱怨，只剩下气愤——沈九妹看着一天天变得陌生的二哥，想到当年那个对他百依百顺的二哥，想到自己的辛酸与心灵的疼痛，有一天突然之间神经错乱——这时候正好有一次拉响空袭警报，敌机来轰炸昆明，将图书馆炸得一片焦土。敌机飞走后，沈九妹只顾帮别人挖掘埋在废墟下的物品，等晚上赶到自己宿舍时，发现宿舍里贵重物品全被小偷洗劫一空。她再也无法承受生活的磨难与压力，突然脱掉鞋子，披头散发奔跑出去。众人醒悟过来回头去追她，她在前面又哭又笑。

这个时候九妹完全成了沈从文的累赘，他就是想留她也无法挽留，她喜怒无常的行为无法再在城市城生活下去，也没有人来专门照顾她。无奈之际，沈从文写信给兄弟，让他们接收九妹，但是没有人敢接收一个神经错乱的女子。最后实在无法，几个兄弟在一起商议，在沅陵的江边，给九妹盖一座漂亮的房子，取名为“芸庐”，让她在青山绿水的家乡生活几年，看看是不是可以让她痛苦的心平静下来。“芸庐”很快就在沅陵盖好了，是一幢相当漂亮的房子，沈从文将妹妹送回家。行伍出身的沈家兄弟巴鲁一见九妹头发蓬乱眼神涣散的疯癫模样，心都碎了，他突然拔出手枪对准了沈从文：“老子一枪毙了你。”众人一阵慌乱，一拥而上抓住他的手腕夺下枪支。巴鲁不依不饶，拍着桌子大骂：“你个狗东西，九妹十五岁跟你出门时，是个多么漂亮多么活泼的九妹啊，她就是一朵花呀，你看看，你睁开眼睛看看，她现在变成了什么样子？”湘西杀人不眨眼的硬汉子巴鲁说到这里泣不成声，沈从文也痛哭失声。巴鲁泪流满面地说：“你是名扬全国的大作家，你是文化人，我们指望九妹跟着你，会比跟着我们好，会有出息，有出路，谁知道你将她带上一条绝路！”一家人都哭在哭泣，只有九妹在笑，笑得十分开心。

“云庐”就成了沈家人心理的家园，逢年过节回到湘西，就会在“云庐”团聚。湘西安静秀丽的山水并没有治好九妹的心病，她没有白天与黑夜的概念，想出去的时候，不管月黑风高还是大雨倾盆，她就无声无息地跑掉。沈家人多了一件事，就是满城寻找沈九妹，她或者是在沅水边洗脚，或者是在街巷里吃甘蔗渣。白天还好找，她后面总是跟着一群毛头小孩子，往她身上扔毛栗子，或者拉拉她的辫子转身跑掉。一到晚上就没法找，她无声无息地走在黑洞洞的老街上，就像一条鬼影子，不走到跟前，根本看不到。

终于有一年在端阳节河里划龙船以后，沈家人找遍了沅陵城里里外外，再也没有发现九妹—— 九妹就这样神秘地失踪了，就像沈从文在他的著名小说《边城》结尾写得那样：“也许明天回来，也许永远不回来。”找了几年，沈家人也不找了，大家怀疑沅水暴涨时，九妹失足跌到水里淹死了。

一直到几年后，有人在沅水上游四十里一个叫乌宿的破旧乌篷船上发现了她——那条泊在乌宿江滩上的乌篷船就是她的家，她的男人是一个相貌粗蛮的打渔佬，原来是烧砖瓦的匠人，后来破了产，就改行在水上打渔，她的孩子已经两三岁了。至于她如何与那个到处漂流的打渔佬成亲，没有任何人知道。这时候她面容苍老头发花白衣着破烂，完全成了一个渔妇。

沈家人当时亡的亡，逃的逃，也没人顾得上她。等到大家想起她时，乌宿江滩上早消失了那只破旧的打渔船。多年以后当地村民告诉沈家人，那个叫九妹的女人早死了，她死于那场史无前例的大饥荒。

第三章　流水故乡

『我的家乡是一个水乡，我是在水乡长大的，耳目之所接，无非是水。水影响了我的性格，也影响了我的作品的风格。』

——汪曾祺

细雨淋湿的小城

春天，我来到湘西小城凤凰。如果抹掉城外青山，那么沈从文的凤凰与汪曾祺的高邮实在没有太大区别，一样的乡土小城，一样的农耕风情，一样的流水，一样的文脉——从这样的灵秀之地走出沈从文或汪曾祺实在也是情理之中，内敛的，淡雅的，秀才式的，君子式的，还如同他们各自生活的小城，在水一方，安之若素。

早春时节多雨，到处湿漉漉的，从吊脚楼上望出去，烟雨中的凤凰就松散地趴伏在沱江两岸，似乎稍大的一点雨水就可以将这些仄仄斜斜的老房子全部冲进沱江里。从无人的街巷里穿过，我去看沈从文，一路都是光滑的鹅卵石老街、挤挤挨挨的老屋、结满蛛网的雕花窗棂、藤蔓缠绕的青石桥。雨沙沙沙地，伴着我走过古旧的城池，是沈先生写在一些旧纸上的城池，磨得光滑如镜的石板道、凿成壁炉似的水井，井边放有竹筒做成的长勺，供人随意舀水之用，四周长满青苔及羊齿植物……包括沈先生打小就熟悉的武侯祠、大成殿、马王庙、药王宫、凤凰阁、玉皇祠以及那架设在沱江上的著名的廊桥，那是沈先生儿时看病的地方。最终，我停留在城南中营街一条青石板铺就的巷内，依稀，看到沈先生一身飘逸的青布长袍，还有苍白忧伤的面容。

图42：汪曾祺家附近的小巷子。

图43：凤凰吊脚楼。

这场景与我半年前在高邮大淖巷、草巷口看到的几乎一模一样，那些幽深街巷正是汪曾祺少年时走过千百回的地方。在这里，时光是静止的，卖牛肉高粱酒的，卖茴卤豆腐干的，卖五香花生米的，卖豆腐脑的，卖煮荸荠的，还有卖河鲜——紫皮鲜菱角和鸡头米的，脆生生的，淡淡的甜。巷子内外，从前两旁对门开设的一些店铺，如烟店、米店、炒货摊子、茶炉子、澡堂子、香烛店、酱园，还有一家油面店，全是农耕时代的旧行当，市井生活温情的底子，一直没有离开，或者说没有离开汪曾祺的高邮。

我看到了茶水炉子，就是老虎灶，现在上哪里找老虎灶？熊熊燃烧的火口里，烧的仍是粗糠，蹿上来红红的火头，茶水很快呱唧呱唧叫开了。在这条街上，可以找到只有高邮才能找到的小吃：捻捻转、地嗡子、洋泡泡，时不时给你一个猝不及防的惊喜。王家沙炒货店里，那些炒熟的花生、瓜子、葵花籽摊在竹匾里，喷香喷香，好闻的味道直往你鼻孔里钻。一旁的沙锅里，大铁铲子仍在热气腾腾地翻炒着；再就是晾晒在门外芦席上的萝卜干，晒过几个日头之后，一瓣瓣摊开来，跟橘瓣的外形差不多了，行人过往，眼馋得直想抓着吃。巷子深处，还有几家打芦席的妇女，盘腿而坐，一任苇眉子在她们指间跳着舞，她们就这么安安静静地织进心头的期待，此情只有孙犁笔下的白洋淀里有，高邮却仍然保留着，我不知道现在这苇席子还有什么用？

逛得有点累，就进了一家澡堂子，不是浴池，也不是什么“南美水疗”的那样地方，就是老式的澡堂子。掀开门帘子，扑面而来的就是浓浓的澡堂子味，大师傅打着一个又一个热毛巾把子。有人在扦脚，我怀疑这个澡堂是地方为了附和汪曾祺，附和那些作家文人的怀旧心理而特地保留的，包括澡堂周遭这一片上门板的小店，你看看都卖的是什么：有带椒盐味的兴化饼子、酥酥松松的鸡蛋糕、崩脆香甜的大京果小京果、骨牌大小的潮糕——我都吃了，我还去游了高邮湖，在船上吃了鱼，到文游台登高，去盂城驿访古，往大淖去是想见巧云和十一子。当然，最主要是去南门街竺家巷汪曾祺的故居，我在故居旁找个小旅店住上一晚，想像少年汪曾祺一样穿街过巷，最好去找薛大娘买菜，上保全堂抓药，去连万顺打酱油，看王玉英做针线，到得意楼尝尝高邮双黄咸鸭蛋，再到陈小手家讨碗咸菜茨菇汤喝喝。

这纯粹是一种梦想了，那晚在高邮，我其实连梦也不曾做一个，一大早就冒着淅沥的雨水离开了。就像现在这么一个落雨的早上，我过来看望沈先生一样。一样的幽静小城，一样的淅沥雨水，我的脚步情不自禁放轻，生怕惊扰了先生的好梦。时光还早，喧哗的旅游团还没出现，现在是凤凰最安静时分，我一个人从左厢房到右厢房，那房舍、物品、树木和花草，依稀还残留着沈先生的气味与呼吸。那把从北京运来的桌子摆在那里，《边城》就在这张大桌上写成，还有那把驮过他瘦高身躯的藤椅，以及蚊帐。我坐在有些摇晃的藤椅上，伏在斑驳的旧木桌上，一缕书香或者是墨香幽幽飘过。玻璃橱窗内，全是沈先生的旧书，发黄的旧书。伏下身来细细端详，有几张泛黄的照片，是一九八零年沈先生被黄永玉“押回”凤凰的照片，那是先生最后一次回到凤凰。黄永玉写道：“表叔懒懒地，不说一句话——”他静静地听民间艺人唱傩戏，那是小时候经常看的傩戏，他静静地哭了，两滴八十岁的泪水潸然而落，沉重地滴在岁月翻来覆去的手背上。

赤手空拳打天下

农耕小城，诗礼之家，孕育出了沈从文与汪曾祺，从他们身上，你嗅得出淡泊的草木之味，隐逸的君子之风——这当然与他们出生的小城、与出生的家庭有必然的联系。小城，纯朴天然的小城，唯美的情调与回忆伴随终身。而小康之家，不是大富大贵，也远离骄奢与豪阔，也是适合内敛的君子性格的培养——人其实是另一种草木，在适宜的水土中才可以生长出适宜的人群。像凤凰或高邮，只可以长出沈从文或汪曾祺，而不是成长出邵洵美与徐志摩一样。值得一提的是，沈从文与汪曾祺的祖上，都曾经一贫如洗，之所以挣得小家之康，全都是赤手空拳打下的天下。

湘西自古是蛮荒之地，生存环境严酷，贪官污吏横行，强硬民风便出现，这是相辅相成习以为常的社会现象。在官兵如匪的年代，只有做土匪才有可能找到活路或出路，所以民风强硬便是自然而然的事。而强硬民风又导致兵匪遍地、处处兵营，这是一种恶性循环——但是，寄附于此的一个奇特的职业在湘西凤凰出现了：卖马草，那么多的兵士与战马，马草的需求量特别大。

在众多卖马草的孩子中，有一位叫沈宏富的男孩夹在其中，每日三

图44：沈从文故居，看上去很精致。

图45：汪曾祺故居，有点简陋。

筐，一个月结一次账，一次结九十筐，就是一笔不小的收入。他的先人为宋代充军到湘西的囚犯，天天卖马草与囤兵频频接触，就有了当兵的想法。正好曾国藩在湖南各地招募乡勇，创建湘军，有一支便是由湘西乡勇组成的筸军，其中，多“深山雾谷寒苦之民”，皆蛮悍骁勇——凤凰本名镇筸，筸军就是凤凰人自家的军队。这支军队辗转湘西各地与太平军作战，有几人屡建战功被清政府提拔为提督，沈宏富恰是其中的一位，他成为曾国藩、左宗棠领导的湘军的一个得力干将，曾任云南昭通镇守使、贵州总督，《清史稿》也为他记了一笔。这样一来，沈家就开始发达起来，由囚犯后裔跻身当地的上流社会，在沈家祖居地——凤凰乡下的黄罗寨，建造了漂亮的大宅院，后来又在凤凰城建造了一处全木结构的房屋，高高的封火墙，一处前院，院子两边还有为佣人建造的平房，大宅院并不大，而且也不张扬，不排场。

房子建好后沈宏富并没有享到多少福，也许征战湘西身心俱疲，他在年轻时就因病去世，留下了黄罗寨和凤凰城各一处房子，还有一个守寡的妻子，却没有留下一个孩子。族人们商议，让同样没有孩子的沈宏富的兄弟沈宏芳在贵州买了一个苗族姑娘为妾，生下两个儿子，将老二、也就是沈从文父亲沈宗嗣过继给沈宏富当继子。沈宗嗣生下的孩子取名沈岳焕，也就是沈从文——少年沈从文在凤凰城的生活其实与少年汪曾祺在高邮的生活如出一辙。

汪家在高邮算不上名门望族，只能说小有名气。汪家祖籍徽州，是徽商的后人，许多徽州老乡一道唱着“前世不修，生在徽州，十七八岁，往外一丢”的歌谣，从徽州来到扬州做“盐票”。生意不行亏掉老本，祖先无法回家，只得落在扬州一带。汪家后人汪嘉勋不错，赤手空拳打天下，开药店，置田地，后来有田地两千多亩，虽说全是高邮北乡的草田，只是长草，但是好歹也是田啊，何况是两千多亩，汪家慢慢又恢复元气。汪嘉勋请了“田禾先生”代管乡下田产，他在高邮城里，主要精力放在两个药铺的经营上。逢年过节，“田禾先生”骑着毛驴过来报账，汪嘉勋坐在药铺里对账。两家药铺在高邮城里颇有名气，一家叫保全堂，一家叫万全堂，靠着两家药铺和两千亩草田，汪家成了高邮小城的殷实人家，三房子孙都添丁进口，一大片鱼鳞瓦老宅虽深处幽巷，却相当气派。在外面是看不到的，只能透过门缝嗅到青砖院子里幽幽桂花香气，也许还有书香——汪家是个读书人家，沈家当然也是个书香门第。换句话说，在乡土中国，只要家中有一点财富，谁不是钻山打洞地供孩子们读书？读书是他们出人头地的唯一指望。财富再多，也抵不上满腹经纶，“万般皆下品，唯有读书高”——中国人对文化的仰望，给这个骨子里粗鄙的民族穿上了一件飘逸的青衫。

书香门第

祖先靠打仗创下一片家业，沈宗嗣习武便成为自然而然的事情。当兵后不久，便决定结婚，因沈家在凤凰的地位，一下子竟有五六个本地姑娘都想嫁给他，当然，她们与他家都门当户对。据说相亲时，五六个姑娘一个个都花枝招展，看得人眼花缭乱。其中有一个田家女儿，从外国留学归来，刻意模仿外国摩登女郎做派，大家像看怪物似的看着这个姑娘，很显然，在当时十分保守落后的湘西乡下，沈家不可能选择这样的洋姑娘。在众多姑娘中，沈母一眼相中小家碧玉的黄英——黄英在一群姑娘中比较特别，她很本份，安安静静的，不多说话，一身旧旧的毛蓝粗布衣裳穿在身上，显得朴素而稳重。沈母说："我不要好看的，我要能治家的，这个姑娘我要了。"黄英就被沈家留了下来，做了媳妇。

可是你要是以为这个沈家媳妇老实又土气，那你就错了，她用一身旧旧的毛蓝粗布衣"骗"取了沈母对她的偏爱。她是一个颇有心机的姑娘，她果然如愿以偿，击败所有穿金戴银的竞争对手，做了沈家女人。其实她一点也不保守，更不土气，她从小出生书香门第，父亲是凤凰城第一个剪去辫子的男人——文山书院院长。哥哥创办了凤凰第一家邮电代办所，还和黄英共同开办了凤凰第一家照相馆。黄英应该是凤凰第一

图46：高邮小城的魁星阁，少年汪曾祺经常来此游玩。

位会照相的女子，她与黄宗嗣结婚后，一共生有九个孩子，其中四个夭折，长大成人的有三子二女。沈宗嗣一心想当将军，对家事和儿女从来不闻不问。他长得一表人才，浓眉大眼，为人豪放爽直，不缺少做将军的气概，可是却没有像父亲那样成为将军。年近三十，仍然驻守大沽炮台，并没有飞黄腾达的迹象。此时，义和团运动在中国北方兴起，同年五月，八国联军陈兵大沽口。大沽口失守后，沈宗嗣在战乱中逃回湘西老家。这次回家，使他有了儿子沈岳焕，也就是后来的沈从文。

在四岁之前，沈岳焕一直和祖母生活在黄罗寨乡下，他是一个很聪明的孩子，一个小胖墩。黄英是个有良好家教的女人，书院院长的女儿，自然不会放松对孩子的学前教育，她的教育方法就是“学会认方块字会有糖吃。”小小的岳焕自然很高兴，认字对他来说是很轻松的事，从来不会感到为难——他常常一手写字，一手从祖母手里接过各种各样的糖食。在不长的时间里，他就认出了近千个字，这在当时落后封闭的湘西山村来说，是件令人惊奇的事。寨子里一个个能打虎猎豹的男子，全都是目不认丁的文盲。

如果说沈从文的文脉源自母亲，那汪曾祺的文墨则源自父亲汪菊生。这个在金陵读过书的男子爱乐成痴，因为衣食不愁，又读过书，就成天在家吹拉弹唱，还亲自到苏州采购乐器：笙、萧、笛、琵琶、月琴、胡琴、扬琴，甚至唢呐，几乎无所不包。他的兴趣太广泛了，凡文艺范畴的他都想涉及，后来又迷上画画。他的画没有师承，就是和一个画画的和尚过从甚密。和尚名字不好听，叫铁桥，在苏州邓尉山一个寺庙里待过，汪菊生后来画画就在画下盖一印章：邓尉山僧。他画了一阵子花卉，后来专画菊花。当时扬州一位专画菊花的画家，画菊花以朵论价，每朵大洋一元。汪菊生求他画一套菊谱，二尺见方的大册页子，他画了满满一册，不知花去了多少大洋。别人看了直吐舌头：“这样的玩法，高邮小城几人玩得起？”汪菊生不在乎，卖田卖地买菊花，乐在其中。他是个巧慧之人，元宵节扎花灯，一盏荷花灯，点了蜡烛，比六月里真荷花还要动人。清明时节糊风筝，他糊了一只蜈蚣风筝，粘上鸡毛做蜈蚣脚，飞上天还会打滚，把高邮人看得目瞪口呆。汪曾祺打小就是他的跟屁虫，听他吹箫，看他画画，再陪他放风筝，还听说他早在学校就是个运动员，踢过足球后卫，玩过撑竿跳高，在江苏全省运动会上拿过第一——才子才女再加书香门第，从这个门第里走出来的人，多半是才情过人、风度翩翩的文人雅士。

逃学威龙

凤凰城有了新式小学，沈从文开始发蒙读书。一个能读书的孩子，又生于富贵之家，按理说应该很爱读书。可是一直到小学毕业，沈从文却是个逃学大王，而且撒谎成性。

每天早上，沈从文提着一只竹篮子，里面放着几本书，像模像样地走出家门去读书。这时候他知道妈妈的视线就在背后，他走得不疾不徐，一副听话的好学生的样子。一出了街巷，家人看不到他了，他就露出调皮捣蛋的本性，马上坐到地上脱了鞋子，然后撒腿就跑。有时装模作样去学校点个卯，然后开溜。有时候连老师的面也不见，直接就到外面去玩。他就是个野小子，在学校和家庭之间两头撒谎，时间一长，终于被父亲发现。沈宗嗣一心想让这个孩子能像祖先那样当将军做提督，可是这个不争气的孩子从小撒谎，而且逃学成性，简直让他气疯了。有一次在城外找到玩疯了的沈岳焕，回家一顿暴打，甚至冲到厨房拿出一把菜刀："砍了你的手，让你这个没记性的还如何玩？"菜刀高高举过头顶，沈岳焕吓得大哭。家庭与学校的双重体罚没让他驯服，反而激起更大的反抗情绪——似乎也怪不得沈岳焕，小城凤凰是那么有趣、好玩，你让他这个小小的孩子，如何能将枯燥刻板的古文读下去？

图47：少年沈岳焕，就是后来大名鼎鼎的沈从文。

图48：热闹的凤凰老街，让少年沈从文十分入迷。

当年的凤凰城，在沈从文眼里，就是个精彩的世界，不是划龙船就是唱傩戏，要不就有斗鸡或赛狗。每日上学经过的路上，各类奇奇怪怪的店铺就让他痴迷：有专门售针的针铺，一个苍老的老人，永远在门前低头磨针。有伞铺，伞铺大门开得好大，十几个学徒一起在制作油纸伞，五颜六色的纸伞像山花一样开满了店堂。伞铺隔壁是皮靴铺子，一个胖子总在店里面绱鞋子，一到热天便露出一个老大的肚子，像怀孕八九个月的妇人，肚子上长着醒目的一撮黑毛，他五大三粗像个杀猪佬，却能做出秀气如红菱的女鞋。再往下去是肉铺，桌案上新鲜的猪肉被利刀剁开时，那些肉还在微微颤动。肉铺过去是米铺，驴子在拉磨，它被人蒙了眼睛，永远在那里围绕着石磨在转圈，沈岳焕每次经过都替它着急。

一直走下去更有趣，一家扎纸店兼出租花轿，一到清明或冬至，店堂里摆满了纸扎的冥品，白面无常鬼、阎罗王，阎罗王长着一张蓝脸。还有花花绿绿的金童玉女，沈岳焕越看越怕，越怕却越想看，一直看到天黑，看扎纸老人在鬼脸上贴金、敷粉。间或，也弯一些路去看染坊。染坊在沱江边，踩布的场面看起来有点惊心动魄——先将一匹布卷在一个圆木上，再将它放到一个有槽的石板上，身强体壮的苗族汉子双手扶住墙壁上的横木，轮番用力辗动，半匹布碾压得平平整整。踩布人是悬空的，沈岳焕看着看着，心也悬起来。这河边还有屠宰场，杀牛、杀猪也杀狗，刽子手手艺好生了得，再强蛮的壮牛，他三下五除二就大卸八块。

作为逃学大王，汪曾祺儿时经历与沈从文如出一辙，旷课、逃学是经常干的事，而迷宫一样的街市也是他流连忘返的地方。他和沈从文一样，也许所有的孩子全都是这样，放学先不忙着回家，什么都感兴趣，路边那些布店、酱园、爆竹店、烧饼店、竹厂、卖石灰麻刀的铺子、染坊、车匠店——银匠铺子专做银饰，老师傅小师傅在模子上你来我往地敲打老半天，变戏法似的敲打出一个小罗汉。画匠店，看画匠们在玻璃匾上画红红绿绿的“家神菩萨”。还有箸草算卦的摊子，那个人端坐不动如同老僧入定，面前一把青青箸草插在木桶里，等着人上来算卦，据说他算卦很灵验——这些农耕生活的细枝末节日后都成为故乡的滋味或回味，永远留在他的记忆深处。

打开一本书就是打开一扇门

十八岁出门远行，对沈从文来说，是这样，他向往外面风起云涌的大千世界。对汪曾祺来说，也是如此——他们都向往外面的世界，因为书籍为他们提供了想象空间，书籍如同飞翔的翅膀，让他们渴望飞出流水故乡。打开一本书就是打开一扇门，世界在他的面前豁然开朗。

汪曾祺就是因为偶然间打开一本书《沈从文小说选》，急不可耐地要去昆明报考西南联大，要去拜见心中的偶像沈从文。而沈从文呢，当年他顺流而下来到上海，然后北上京城，就是无意中打开狄更斯的一本书《双城记》，他们的世界、他们的人生，就这样被一本薄薄的书彻底改变了。当然，这一切全是在不知不觉中发生的，就像他在不知不觉中，生活发生了惊天大逆转一样——有一天父亲突然失踪了，一失踪就是很多年。母亲领着他们几个孩子，家境开始逐渐衰败。沈岳焕后来才慢慢明白，原来父亲沈宗嗣失踪是刺杀袁世凯失败，逃亡他乡。为什么要刺杀袁世凯，到今天也是个谜，如此胆大妄为的举动并没有在历史上留下一笔，它直接导致的后果就是让沈家败落，连乡下的田地都卖了还债。而就在这时候，沈岳焕二姐死了——丈夫生死不明多年，女儿意外早逝，大儿子耳聋眼瞎，黄英经历了人生一系列重大变故后，开始变得

图49：熊希龄家老宅子，让青年沈从文流连忘返。

麻木起来，开始看淡了世事。看到没人管的沈岳焕成天在外野得不成样，就让他辍学去当兵，家里也无法再供他上学读书——沈家祖上就是靠当兵找到了一条出路，对凤凰男人来说，当兵是一条很好的出路。

那天是农历七月十五，俗称鬼节，沈岳焕和母亲到河边去祭奠河鬼。他捧着一只木托盘，里面放了水酒和白肉，母亲手里提着一些纸钱，两个人默默地走到河边。夏天刚刚过去，河水有点清凉，母亲在河滩上点燃了纸钱焚烧，沈岳焕将酒浇到火焰上，后来他吃掉那些白肉，脱了衣裤一个人在河里泡了两个小时。到天黑回到家，母亲忽然拿出一件长衫说："换上，再穿上新鞋新袜子，我送你到亲戚家去。"沈岳焕心里一惊："去做什么？"母亲说："你去了就晓得了。"

沈从文就这样"落草为寇"，以杀人为业，这样的日子让他生不如死。好在时间不长兵营解散，在家混了一段时日。那时候家境一日不如一日，父亲仍然没有消息，家里一点田产全都卖光，只剩下这座小院。母亲到处放口风要卖房子，沈岳焕在家度日如年，最后还是在做警察所长的五舅帮忙，在芷江为他物色到一个收税员的工作。

其实在芷江沈岳焕还有个姨夫——熊捷三，他是民国总理熊希龄的七弟，曾做过第一届国会议员，后来归乡养老，顺便帮着熊哥看守这片公馆。他是芷江大人物，却与沈岳焕过从甚密，这不仅仅因为他是沈岳焕的七姨夫，还因为他与沈岳焕有一个共同的爱好：写诗。沈岳焕每日结束工作后，就来到七姨夫家。七姨夫手捻胡须在那里埋头做诗，而沈岳焕便守在一旁看书，或者帮着七姨夫出谋划策。一旦诗做成，沈岳焕总是第一个读者，两个人在一起商谈哪里不押韵，哪里典故用得不对。一直改到满意后，沈岳焕才帮姨夫用小楷工工整整地抄在纸上。

熊公馆是一片偌大的宅门，有三进三院，布置得精巧雅致，到处植有奇花异草，两边房檐下，挂满了风鸡与腊肉。有一次沈岳焕帮忙清理仓房，发现杂物中有陈年的金华火腿、美国奶粉和冬虫夏草、东北熊掌之类名贵物品，还有大量文物古玩，都是过往官员的赠礼。沈岳焕对此并没有多大兴趣，对他最有吸引力的，就是客厅楼上那个安静的书房，那个书房钥匙就挂在熊捷三身上，熊公馆任何地方都可以让人随意出入，唯独书房不可以。沈岳焕只进去过一两次，那里面有很多书，在一个大书箱里，沈岳焕得到了一套林纾翻译的小说。整整一个漫长炎热的夏天，沈岳焕就坐在清凉的熊公馆里读完了著名作家狄更斯的大部分作品，包括名作《双城记》，一个由文学构成的奇丽世界就像一轴画卷，在他眼前徐徐展开：世事的难窘、人生的凉薄、困境中的世家子弟的挣扎、小人物无畏的倾轧与少年人的迷茫强烈地吸引住了他。他模模糊糊地看到一扇门在他面前开启，那是一扇文学之门，让他窥探到人生的瑰丽与心灵的辽阔，他步履蹒跚、跌跌撞撞地朝这扇门走去，一生的职业也就在这个夏天确定。

乡土抒情诗

“端午又快来了，初五划船，河街上初一开会，就决定了属于河街的那只船当天入水。天保恰好在那天应向上行，随了陆路商人过川东龙潭送节货，故参加的就只傩送。十六个结实如牛犊的小伙子，带了香烛、鞭炮、同一个用生牛皮蒙好绘有朱红太极图的高脚鼓，到了搁船的河上游山洞边，烧了香烛，把船拖入水后，各人上了船，燃着鞭炮，擂着鼓，这船便如一支箭似的，很迅速地向下游长潭射去。”

这是沈从文《边城》中的文字，写端午的文字。不知道是出于偏爱还是嗜好，沈从文对民俗节日情有独钟，特别是端午节。读他的小说，你可能轻易找到写端午的文字：“端午日，当地妇女小孩子，莫不穿了新衣，额角上用雄黄蘸酒画了个王字，任何人家到了这天必可以吃鱼吃肉。大约上午十一点钟左右，全茶峒人就吃了午饭，把饭吃过后，在城里住家的，莫不倒锁了门，全家出城到河边看划船。河街有熟人的，可到河街吊脚楼门口边看，不然就站在税关门口与各个码头上看。河中龙船以长潭某处作起点，税关前作终点。”“水面上第一次听到了鼓声，许多人从这鼓声中，感到了节日临近的欢悦。住临河吊脚楼对远方人有所等待有所盼望的，也莫不因鼓声想到远人。在这个节日里，必然有许

图50：在凤凰，一条新龙舟下水。

多船只可以赶回，也有许多船只只合在半路过节，这之间，便有些眼目所难见的人事哀乐，在这小山城河街间，让一些人铺事，也让一些人皱眉。 蓬蓬鼓声掠水越山到了渡船头那里时，最先注意到的是那只黄狗。那黄狗汪汪地吠着，受了惊似的绕屋乱走，有人过渡时，便随船渡过河东岸去，且跑到那小山头向城里一方面大吠。”

端午成为中国人的民俗节日至少有数千历史，汪曾祺说：“风俗是一个民族集体创作的抒情诗。”端午节使得平凡的生活有一个切入点用来做情感的慰藉或者宣泄，在汪曾祺笔下，鸭蛋成了端午节的主角，特别在高邮这样以双黄咸鸭蛋出名的小城，对端午节的看重并不亚于沈从文的湘西。在汪曾祺笔下，端午的鸭蛋其实是一个载体，承载着他对家乡的思念和对童年生活的怀念。他曾写过一篇随笔《端午的鸭蛋》，详尽地描绘了高邮的端午风情：“家乡的端午，很多风俗和外地一样。系百索子。五色的丝线拧成小绳，系在手腕上。丝线是掉色的，洗脸时沾了水，手腕上就印得红一道绿一道的。做香角子。丝线缠成小粽子，里头装了香面，一个一个串起来，挂在帐钩上。贴五毒。红纸剪成五毒，贴在门槛上。贴符。这符是城隍庙送来的。城隍庙的老道士还是我的寄名干爹，他每年端午节前就派小道士送符来，还有两把小纸扇。符送来了，就贴在堂屋的门楣上。一尺来长的黄色、蓝色的纸条，上面用朱笔画些莫名其妙的道道，这就能辟邪吗？喝雄黄酒。用酒和的雄黄在孩子的额头上画一个王字，这是很多地方都有的。”是的，这是很多地方都有的，凤凰有，高邮也有，只要在中国，过端午都是这样，但是还有一样是高邮独有的：“有一个风俗不知别处有不：放黄烟子。黄烟子是大小如北方的麻雷子的炮仗，只是里面灌的不是硝药，而是雄黄。点着后不响，只是冒出一股黄烟，能冒好一会。把点着的黄烟子丢在橱柜下面，说是可以熏五毒。小孩子点了黄烟子，常把它的一头抵在板壁上写虎字。写黄烟虎字笔画不能断，所以我们那里的孩子都会写草书的‘一笔虎’。还有一个风俗，是端午节的午饭要吃‘十二红’，就是十二道红颜色的菜。十二红里我只记得有炒红苋菜、油爆虾、咸鸭蛋，其余的都记不清，数不出了。也许十二红只是一个名目，不一定真凑足十二样。不过午饭的菜都是红的，这一点是我没有记错的。而且，苋菜、虾、鸭蛋，一定是有的。这三样，在我的家乡，都不贵，多数人家是吃得起的。”这是端午节，也是乡土中国的抒情诗，沈从文与汪曾祺被称为“风俗画作家”，在他们笔下的故乡风俗画里，端午节日总是浓墨重彩的一笔。他们也正是在这片积淀丰厚的乡土上，慢慢成长为极具中国特色的大作家，这一个个乡土节日，在他们眼里，从来都是最优美的农耕之花，最迷恋的乡土之爱。

水

端午赛龙舟肯定在水上，沈从文和汪曾祺的文字也都在水上，湿淋淋的，水滴滴的，像从水里捞上来的墨水点似的小蝌蚪。据说，张艺谋曾经考虑过要把汪曾祺小说搬上银幕，他读了《受戒》，也读了《大淖记事》，更读了《黄油烙饼》和《故里三陈》，他琢磨了好几年，最后还是放弃了这一计划。他说："我长在大西北，那里是干旱缺水的地方。而汪老生活在水乡，作品里全是水，我始终拍不出水的感觉。"

虽然张艺谋和汪曾祺合作不成，但是张艺谋对汪曾祺作品的精髓倒是深切领会，只有一个字：水——水是汪曾祺的灵魂，水也是沈从文的魂灵，两位大师在一片漫天大水中相遇，涓涓流水渗入他们的血液，滋养他们的艺术生命，所以我们在他们的创作中总能嗅到一片袅袅水汽或泱泱水意。所以汪曾祺说："我的家乡是一个水乡，我是在水乡长大的，耳目之所接，无非是水。水影响了我的性格，也影响了我的作品的风格。"是这样的，水影响了人们的生活，水是他们生活的一部分，水成了他们的生命，不管是有血有肉的肉体生命，还是精气凝成的艺术生命，都与水密不可分。甚至可以这么说，一条滔滔不绝的文学长河，都是在水边完成的，像那部最早的《诗经》，最牵引你目光的便是那句

图51：汪曾祺记忆里的高邮大淖，著名小说《受戒》就发生在这里。

图52：湘西苗乡风景。

“所谓伊人，在水一方。溯洄从之，道阻且长，溯游从之，宛在水中央。”水的魅力无法抵挡，因为这一片水，满纸方块字都似乎随水灵动起来，荡漾起来。读汪曾祺的作品，耳边就传来流水清音，这水声不是怒卷翻滚的惊涛拍岸，也非是疑似瀑布的飞流直下。这水声是潺潺的、涓涓的，是船桨轻拨水面带起的细细波纹，是石下清泉的汀汀和淙淙，一如汪曾祺的文字，一如汪曾祺的心境——他就这样说过：“我是生长在水边的人，一个平常、平和的人，我已经过了七十岁，对于高山，我只好仰止，我是个安于竹篱茅舍、小桥流水的人。以惯写小流水之笔而写雄奇大山，殆矣。人贵有自知之明，不要小鸡吃绿豆，强努。”

汪曾祺说得好，“我的家乡是一个水乡”，京杭大运河沿着高邮城边逶迤而过，城里许多窄窄的小巷尽头就是运河，在河水里洗菜，在河水里濯足，在河水里游泳，有水码头停靠着无数的船，装货的，卸货的，那水声就不断地响起——吃的也离不开那些弯弯流水，后来汪曾祺笔下那些怀乡美食，多半也是从水里捞的：茨菇、菱角、莲蓬、螺丝、蚬子、蒌蒿、虎头鲨、昂刺鱼——包括高邮著名的咸鸭蛋：“我的家乡是水乡。出鸭。高邮大麻鸭是著名的鸭种。鸭多，鸭蛋也多。高邮人也善于腌鸭蛋……”这样一个水边长大的水伢子，他提笔写作怎么能离得了水？在《我的家乡》一文中，他说：“我小时候从早到晚，一天没有看见河水的日子，几乎没有。我上小学，倘不走东大街而走后街，是沿河走的。上初中如果不从城里走，走东门外，则是沿着护城河。出我家所在的巷子南头，是越塘，出巷北，往东不远就是大淖。”“我到一汤、二汤、三垛，都是坐船。到我的小说《受戒》所在的赵庄去，也是坐船。我第一次离家乡去外地读高中，也是坐船。”汪曾祺这样，沈从文更是如此：“我幼小时较美丽的生活，大部分都同水不能分离，我的学校可以说是在水边的，我认识美，学会思索，水对我有极大的关系。”他的小说，往往从水开始：“雨落着，一共七天，河水涨大了。”这样的语言仿佛在辰水沅水里清洗过，或者说它干脆就是清亮的水滴。“小溪流下去，绕山岨流，约三里便汇入茶峒的大河。人若过溪越小山走去，则只一里路就到了茶峒城边。溪流如弓背，山路如弓弦，故远近有了小小差异。小溪宽约二十丈，河床为大片石头作成。静静的水即或深到一篙不能落底，却依然清澈透明，河中游鱼来去皆可以计数。小溪既为川湘来往孔道，水常有涨落，限于财力不能搭桥，就安排了一只方头渡船。”这些都是被清水清洗过的文字，沈从文说：“到十五岁以后，我的生活同一条辰河无从离开，我在那条河流边住下的日子约五年。这一大堆日子中我差不多无日不与河水发生关系。走长路皆得住宿到桥边与渡头，值得回忆的哀乐人事常是湿的。至少我还有十分之一的时间，是在那条河水正流与支流各样船只上消磨的。从汤汤流水上，我明白了多少人事，学会了多少知识，见过了多少世界！我的想象是在这条河水上扩大的。我把过去生活加以温习，或对未来生活有何安排时，必依赖这一条河水。这条河水有多少次差一点儿把我攫去，又幸亏他的流动，帮助我作着那种横海扬帆的远梦，方使我能够依然好好地在人世中过着日子！”

水，是灵动的又是浩大的，水构成了沈从文与汪曾祺生活与生命，水滋养了他们的艺术生命。

天上起云云起花

“天上起云云起花”，沈从文笔下的一句民谣，也是一句诗。民间最朴素的话语，往往就是诗。诗和歌是连在一起的，歌是诗的源头，诗是歌的果实，诗就是歌，歌就是诗，诗歌从来都是根植于民间，诗心肯定也孕育于民间日常之中，刹那间的火花飞闪，诗歌便诞生了——他们没有笔只有嘴，诗歌在民间从来都是以唱相传，优美记忆是唯一的媒介。

沈从文被称为风俗画作家，民谣作为民间文学的一种，很早便融入他的创作，是因为湘西民谣早就融入他的血液，是他生命的一部分，甚至是他生命中最重要的部分：青春与激情，这是维系一个民族代代相传的能力，是生命本身赋予的神秘莫测的能量——这样一来，情歌事实上就成为民谣中最优美动人的部分，如爱情是生命之花一样。一位国外艺术大师说：“一切歌谣的炉灶都是情歌来烧热的。”情歌永远是歌谣中最灿烂的美艳之花，对于沈从文的湘西来说，说情歌只是书面语，他们的歌声张口即来，所有的吟唱都与爱情有关，就像短篇小说《萧萧》中记录的这一首：

图53：美丽而又哀愁的湘西山水。

天上起云云起花，
包谷林里种豆荚，
豆荚缠坏包谷树，
娇妹缠坏后生家。

天上起云云重云，
地下埋坟坟重坟，
娇妹洗碗碗重碗，
娇妹床上人重人。

在沈从文笔下，奇情、美景从来都水乳交融，风情是华美外衣，民谣是优美点缀，那些奇异的民谣，像生长在深山的野花，有一种野性之美，有一种蓬勃的天然的生命力量，如同那些生长在月光下、雨水中的天然草木一样，它们不需要浇灌，不需要施肥培育，它们就是山川与大地的一部——在小说《雨后》，我们读到另一首神奇的民谣：

大姐走路笑笑的，
两只奶子翘翘的，
有心用手摸一摸，
心里只是跳跳的。

这些野花一样自生自灭的民谣，很多都是沈从文亲自采撷。为了创作，他曾致信给表弟印远桂，让他帮忙收集民歌。沈从文后来说："表弟在湖南是当兵，近来是中士了。以前我在十三区清乡司令部当上士时，他还在军法处当护兵，在做护兵时代，他得了那种浪漫无边际的方便，就学得无数的山歌了。不过这一次所抄的歌，却是他的同班的士兵帮了忙，笔迹不一样，行式也不整齐，有些是用文章格每格一字规规矩矩地写好的，有些则一片糊涂，若非得村弟帮我认识，虽我对于地方的俗话是非常熟习，也无从读下。”“抄来的歌，计有四百多首，感谢小表弟同其他副爷的殷勤，这些歌儿竟能凭他们的笔——是怎样幼稚的笔呀，塞到我眼底来，差不多每一首都足以使人生颇大的感动，差不多每一首都能拿去打动一个乡下少男少女的心，不过在我这方面见了这么多爱情的补药——”沈从文称这些民谣情歌为“爱情的补药”，他从中精选了一部分，以懋琳的笔名在他主持的《晨报》副刊上发表，还将其中的一部分改写成现代诗歌，然后记录在《边城》中：

你大仙，你大神，睁眼看看我们这里人！
他们既诚实，又年青，又身无疾病。
他们大人会喝酒，会作事，会睡觉；
他们孩子能长大，能耐饥，能耐冷；
他们牯牛肯耕田，山羊肯生仔，鸡鸭肯孵卵；
他们女人会养儿子，会唱歌，会找她心中欢喜的情人！

你大神，你大仙，排驾前来站两边。
关夫子身跨赤兔马，
尉迟公手拿大铁鞭！

你大仙，你大神，云端下降慢慢行！
张果老驴得坐稳，
铁拐李脚下要小心！

民谣化身现代诗歌，给《边城》的流水之美添上一笔诗歌之韵。民谣就是诗的节奏歌的韵律，汪曾祺巧妙地把沈从文的绝技拿了过去，在小说里大肆铺陈：

姐和小郎打大麦，
一转子讲得听不得，
听不得就听不得，
打完了大麦打小麦。

他有时候就直接抄袭：

姐儿生得漂漂的，
两个奶子翘翘的，
有心上去摸一把，
心里有点跳跳的。

汪曾祺只是动了几个字，他直接把沈从文的好东西拿来成为他自己的，他不管湘西与苏北民风不同，民谣有本质的差异。虽然同为广义上的南方，但是苏北高邮更接近地理上的江南，它显现出的清丽与纯朴，其实就是流水江南。江南有江南的风情，江南有江南的韵味，《受戒》里记录的这支民谣更能代表江南风情：

栀子哎开花哎六瓣头哎，
姐家哎门前哎一道桥哎——

这更是小桥流水的江南，雪白的六瓣头的栀子花，姐家门前那道弯弯的青石桥。沿着驼背拱桥走过去，就是沈从文和汪曾祺心心念念的美与爱的故乡。

《边城》与《受戒》

《边城》是沈从文的代表作，如同《受戒》是汪曾祺的代表作一样，两篇抒情乡土小说都带着淡淡的哀愁——边城茶峒也是，所有的哀愁皆因为这片寂寞的山水，也因为那个美得令人心碎的翠翠。

我跋山涉水来到这遥远的边城，就为了看摆渡的村女翠翠，就如同我到《受戒》故事发生地庵赵庄，是为了看小英子一样。翠翠比小英子更灵动、更透明。

翠翠姑娘让我有一种对南方的迷恋与缠绵，她其实就是古典或流水的美丽化身。美丽一词用在她身上也显出脏相——我实在找不到合适的形容词，她是诗歌或者说是古老的梦境，也许只有湘西才能孕育她，任何人工的雕饰与形容都是一种伤害，她甚至也拒绝欣赏。

很多年前，在一篇散文中我这样写道："你划一只乌篷船渡洞庭过潇湘直达边城，你就可以看到翠翠了——江南的女孩子都是翠翠，她们是不老的，头插栀子花站在大月亮底下，永远美好地对你微笑。"我的文笔拙劣而且做作，自然远不及沈从文："翠翠在风日里长养着，触目为青山绿水，一对眸子清明如水晶，为人天真活泼，处处俨然如一只小兽，人又那么乖，从不想到残忍的事，从不发愁，人隔岸招手过渡，翠

图54：《边城》的故事就发生在这里。

图55：山崖上“边城”二字为沈从文所书。

翠一跃而上撑船拢岸。风日清和的天气，无人过渡，镇日长闲，祖父和翠翠坐在石岩上晒太阳。有过渡的是从川东过茶峒的小牛，是新娘子的花轿，翠翠站在船头让船缓缓地过去，牛羊花轿上岸后翠翠必跟着走，站到小山头上，目送这些走远了，独自低低地学小羊叫学母牛叫，采一把野花缚在头上装做新娘子。”

我就是沿着这条叫西河的流水一路走来，一路青山秀水，每一处风景都耐人寻味：青山下几间瓦房，水湾里两叶小舟，或一块丑石三五野花，就好像专为旅行者欣赏而故意生成那样。在长长寂寞的旅行中，时光是静止的，只有寂寞的流水与青山永恒相伴。最后，来到一处古渡旁，对岸山崖上有 “边城”二字，我有过一刹那恍惚，依稀记起沈从文的句子：“茶峒地方凭水依山筑城，近山的一面，城墙如一条长蛇，缘山爬去。临水一面则在城外河边留出余地设码头，湾泊小小篷船。船下行时运桐油青盐，染色的棓子。上行则运棉花棉纱以及布匹杂货同海味。”

这是《边城》里的一幕，故事就发生在这里，这是一个爱情悲剧。但是除了悲剧结局之外，我却能感受到一种温暖、一种爱意、一种美的情怀，一种善的情意。小说里的人个个都是美的，代表着健康完美的人性，这是一个纯朴自由的桃花源，美丽纯洁的翠翠，正直忠厚的祖父，顺顺和他的儿子，豪放的天保两兄弟，各自按着命运摊派到他头上的一分子自由，自在地在这片水土上生活着。在这里，人情是美的，人性也是美的，一切都像这弯清清流水，或流水旁的落了又开的花草一样。人，其实也就是自然的花草啊，他们随四季随年轮开了又落。与《边城》相比，《受戒》的现实感要强一些，这里很少有恶的东西，巧云和十一子差点被打死，可锡匠们集体游行请愿，又把恶人赶跑了，巧云和十一子如愿结合——就像一个被撕破的口袋又给补好了，又是一个完美的充满希望的乡土，这也是沈从文追求的是人性美，“优美，健康，自然而又不悖乎人性的人生形式”。而汪曾祺似乎更加向往这种自由生活的和谐、情趣和美，他是那样热爱着流水上的故乡，这一切与沈从文极其相似，如同《受戒》和《边城》极其相似一样，两个故事同样氤氲着袅袅水汽，同样的老年男子领着一只孤雏，同样是青年男女的爱而不得。巧云被刘号长破了身，但她喜欢的是十一子。她和邻居姑娘媳妇一起，挑着紫红的荸荠、碧绿的菱角、雪白的连枝藕，风摆柳似的穿街过市。在小说的结尾，作家设问：“十一子的伤会好吗？会。当然会！”没有犹疑，斩钉截铁，否极总会泰来，幸福是可以预期的，巧云的等待不再如翠翠般无望，等待只会使幸福在期待中更加甜蜜。但是，生命最本质的，比如孤独、隔膜、生死，却是无法化解的。不能化解，汪曾祺便逃得远远的，使他的审美世界变成不染一丝尘灰的世外桃源。尽管他一直延续了沈从文清淡明丽，却少了些许深沉与凝重，这也许就是不同的童年境遇铸就的审美情趣差异，沈从文更愿直面人生的悲苦，并分析生命的意义。而汪曾祺不愿过多承受人生的磨难，留住的只是生活美好的瞬间。这样说来，拿《边城》与《受戒》作对比，好比拿美与爱作对比，拿慈悲与善良作对比，这是并行的两条钱，你如何能分得出高与下？

夭夭的女孩子

翠翠、萧萧、三三或夭夭——沈从文笔下有一群灵动少女，或媚惑，或妖娆，像仙狐跳跃在繁花满树的枝头，如山鬼出没在雾气缥缈的山涧，神出鬼没的，亦真亦幻的，像月光下一树落花，美得令人平心静气，美得让人灵魂出窍。

真的会有湘西女孩子叫萧萧或夭夭？我不相信，湘西的山民怎么可能给他们青草一样自生自灭的女儿取上如此出尘脱俗的名字？萧萧的只能是湘西春夜那些淅淅沥沥的夜雨吧？夭夭的只能是凤凰山间东一枝西一枝的野桃花吧？这般妙极了的名字多半是沈从文的臆想，带着丝丝幽雅或缕缕文气。沈从文其实没有错，湘西那样女儿难道不是透明清亮的夜雨或火红灿烂的野桃花？名字可能是沈从文杜撰，但是我们能看出一丝一毫的虚假吗？你只会觉得真实，只会觉得，湘西的女儿，除了萧萧或夭夭，他们还能叫什么名字？你让那些撑船或割草、采花或望月的女孩子叫张爱玲或叫宋美龄？这都是俗不可耐的，她们命中注定就是叫萧萧或夭夭，三三或翠翠，她们是鲜活的不老的，她们是永恒的不朽的，她们的生命就是艺术的生命——这并非是沈从文的笔多么了不得，是她们一直在湘西的雾里和水边，只是沈从文偶然从那里经过，恰巧在那里

图56：电影《边城》剧照。

与她们萍水相逢。

当然，沈从文的笔也是了不得的，不是魔笔也是绝笔——反正是神来之笔，他神笔一点，一些女孩子就笑着闹着跑出来："这是一个女孩子，把她那长发散乱的美丽头颅，靠在这年轻人的大腿上，把它当做枕头安静无声的睡着。女孩子一张小小的尖尖的白脸，似乎被月光漂过的大理石，又似乎月光本身。一头黑发，如同用冬天的黑夜作为材料，由盘踞在山洞中的女妖亲手纺成的细纱。眼睛，鼻子，耳朵，同那一张产生幸福的泉源的小口，以及颊边微妙圆形的小涡，如本地人所说的藏吻之巢窝，无一处不见得是神所着意成就的工作。一微笑，一眸眼，一转侧，都有一种神性存乎其间。神同魔鬼合作创造了这样一个女人，也得用侍候神同对付魔鬼的两种方法来伺候她，才不委屈这个生物。"这已经不是平常的女孩，她在沈从文眼里接近于女神，他总是把他爱的女人当做女神："女人正安安静静地躺在他的身边，一堆白色衣裙遮盖到那个修长丰满柔软温香的身体，这身体在年轻人记忆中，仿佛是用白玉、奶酥、果子同香花调和削筑成就的东西。"

但是神曾经也是人的，神的内里也是凡夫肉胎，她的美在于纯朴与天然："头顶上是蓝分分的海样的天，压下来，然而有席棚挡驾，不怕被天压死。女人说：'四狗，你把我压死吧？'也像有这样的同心，到后可同天一样，作被盖的东西总不是压得死人的。四狗得了些什么？不能说明。他得了她所给的快活，她得的更不是四狗通常解释的快乐两个字。四狗给了她一些气力，一些强硬，一些温柔，她用这些东西把自己陶醉，醉到不省人事。天气还早，不是烧夜火的时候。雨早不落了，她还是躺着，也不去采蕨。"这样纯朴的女孩子才有人气，她还有从人上升为神，也许她刚刚开始恋爱，恋爱中的女孩子总是任性的、痴情的，"四狗不再吃莓了，用手扳并排坐的人头。黑色的皮肤，红红的嘴，大大的眼睛与长长的眉毛。四狗这时重新来估价。鼻子小，耳朵大，下巴是尖的，这些地方四狗却放过了。他捏她辫子，辫子是在先盘在头上，像一盘乌梢蛇，这时这蛇挂在背后了，四狗不怕蛇咬人，从头捏至尾。”

把女孩子写得至情至美、惟妙惟肖，这是沈从文的魔力之一，汪曾祺追随沈从文多少年，他的笔也沾上仙气，“两个女儿，长得跟她娘像一个模子里托出来的。眼睛长得尤其像，白眼珠鸭蛋青，黑眼珠棋子黑，定神时如清水，闪动时像星星。浑身上下，头是头，脚是脚。头发滑溜溜的，衣服格挣挣的。——这里的风俗，十五六岁的姑娘就都梳上头了。这两个丫头，这一头的好头发！通红的发根，雪白的簪子！娘女三个去赶集，一集的人都朝她们望。姐妹俩长得很像，性格不同。大姑娘很文静，话很少，像父亲。小英子比她娘还会说，一天咭咭呱呱地不停。”这是《受戒》里的小英子，“巧云十五岁，长成了一朵花。身材、脸盘都像妈。瓜子脸，一边有个很深的酒窝。眉毛黑如鸦翅。长入鬓角。眼角有点吊，是一双凤眼。睫毛很长，因此显得眼睛经常是眯睎着；忽然回头，睁得大大的，带点吃惊而专注的神情，好像听到远处有人叫她似的。她在门外的两棵树杈之间结网，在淖边平地上织席，就有一些少年人装着有事的样子来来去去。她上街买东西，甭管是买肉、买菜，打油、打酒、撕布、量头绳，买梳头油、雪花膏，买石碱、浆块，同样的钱，她买回来，分量都比别人多，东西都比别人的好。这个奥秘早被大娘、大婶们发现，她们都托她买东西。只要巧云一上街，都挎了好几个竹篮，回来时压得两个胳臂酸疼酸疼。泰山庙唱戏，人家都自己扛了板凳去。巧云散着手就去了。一去了，总有人给她找一个得看的好座。台上的戏唱得正热闹，但是没有多少人叫好。因为好些人不是在看戏，是看她。”

这是《大淖记事》的巧云，她们是高邮的小英子和巧云，也就是湘西的翠翠或三三，她们都是夭夭的女孩子。从某一角度上说，湘西的美、乡土的美，美就美在这些萧萧的、夭夭的女孩子身上。女孩子的花，就是乡野上的花。

一串美丽的脚印

“她挎着一篮子荸荠回去了，在柔软的田埂上留了一串脚印。明海看着她的脚印，傻了。五个小小的趾头，脚掌平平的，脚跟细细的，脚弓部分缺了一块。明海身上有一种从来没有过的感觉，他觉得心里痒痒的。这一串美丽的脚印把小和尚的心搞乱了。”这是《受戒》中的一个画面，女孩子一串美丽的小脚印，不但把那个小和尚的心搞乱了，也把全中国汪曾祺读者的心搞乱了。

你无法想象汪曾祺那透明的、湿润的情怀，那就如同初恋少年揣着一颗青蛙般扑扑跳动的心灵在期待那个“挎一篮子荸荠”的小姑娘回眸一笑。一切那么美好，叫人忘掉尘世烦忧，所有生之忧愁全都不复存在，全世界只剩下这一对在水边相爱的少年。相爱是多么美好的一件事，少年是多少美好的生命一段，在柔软的长满青草的田埂上，那一串美丽的脚印，或者称为脚丫，“五个小小的趾头，脚掌平平的，脚跟细细的，脚弓部分缺了一块”。你想想看吧，这么美丽的小脚丫，一连串的小脚丫，每一个脚指头就是花朵的一瓣，它们合拢在一起，就是一朵花呀，一串小脚丫就是一串缀满花朵的藤蔓，缠绕在少男心间。他是小和尚，小和尚也要爱，只要有春风一起，这些花儿全都要开

图57：一九八一年第一次归乡，汪家一家老小在大淖边合影。

图58：梅子溪，湘西蛮俗中女人沉潭的地方。

呀，春天是花季，谁能挡得住花的开放？就如同谁能挡得住春天的脚步？这是再自然不过的事，所以我们才会听到这样爱的对白：“‘我给你当老婆，你要不要？’明子眼睛鼓得大大的。‘你说话呀？’明子说：‘嗯。’‘什么叫嗯呀？你要不要？要不要？’明子大声地说：‘要！’‘你喊什么？’明子小声地说：‘要——’‘快点划。’英子跳到中舱，两只浆飞快地划起来，划进了芦花荡。”——这是天籁之音，像草上清露或高天流云，这样的美与爱几乎遍布在沈从文的字里行间，你几乎不用寻找，随便翻开他的任何一本书，你都能找到这样的文字。或者换句话说，沈从文的文字全都是这样美的爱的文字。

三年前，我曾经带着几本沈从文的书走遍湘西，我想找到《雨后》那一对恋人的采蕨之地，也想找到《神巫之爱》那些头缠花帕的村女献身神巫的神圣之地，最后我找到《月下小景》那个古堡，沈从文在小说中这样写：“一派清光洒在两人身上，温柔地抚摩着睡眠者的全身，山坡下是一部草虫清音繁复的合奏。天上的那片新月，似乎在空中停顿着，长久还不移动。幸福使这个孩子轻轻地叹息了。他把头低下去，轻轻地吻了一下那用黑夜搓成的头发，接近那魔鬼手段所成就的东西。远处有吹芦管的声音，有唱歌声音。身近旁有斑背萤，带了小小火把，沿了碉堡巡行，如同引导得有小仙人来参观这古堡的神气。”这神秘的爱的箴言与殉情，好像只属于大山深处的民族，而在汉人身上鲜有。后来我还到过梅子溪，就是萧萧差点沉潭的那个地方，但是婆家不舍得把萧萧那么一个好劳力轻易沉潭，所以萧萧逃过一劫。但是在《巧秀与冬生》中，巧秀妈妈天玉和那个黄罗寨的打虎匠相好，她就被沉了潭，沈从文说：“伤风败俗的人一律都沉在梅子溪河口那个深潭里，这是洞庭溪传下来的规矩。”但是天玉是心甘情愿的，她爱他，她早就想以死来殉情，她死心已定并不求饶，甚至也不见难过。

那是一个有月亮的夜晚，湘西的天蓝得沉重而压抑，高天上白白的月亮像一个窗口，让人在漫漫长夜看到一丝光亮，天玉雪白的身子也是漆黑夜晚的“月亮”——她被八个汉子举在头顶，一路举到溪口，上了一只小船，划向溪水最深的深潭。一个年纪稍大的男人于心不忍，开口道：“巧秀娘，冤有头，债有主，你心里明白，好好地去了吧。你有什么话嘱咐，就说了吧，我代你做。”小寡妇难过一会儿，方朝着漆黑一团的堤岸低声说：“告诉三表嫂，让她做点好事，巧秀就托付给她了，小心不要让人捏死我巧秀，她就是我的命哪……”男人们听到了，都默默无言。

小船已摇到潭水最深处时，七八个男人在黑暗中互相望了望，然后弯下腰来，抬起那个雪白的青春的绑着石磨的女人身体，然后共同爆发出一声低沉的“嘿哟喂！”，将她掀到深潭里，“哗啦”一声巨响，深潭溅起一片水花，撞碎了潭水里一轮安静的明月。月亮一软一软的，最后又复归一个满圆，好像这里从来没有发生过惨烈的沉潭，好像刚才发生的一幕只是一个梦境。

如果说这是梦境，也是一个噩梦。我更喜欢汪曾祺笔下那仿佛天生的、灵动的、自然也是美丽的花辫似的小脚印，那才是美的爱的梦境。

花花草草

清晨早早醒来，我赤脚踩着吱嘎作响的吊脚楼地板，缓缓推开竹编窗帘，用一根竹竿撑起来，我就看到了窗外的凤凰城，陈旧的凤凰，画在旧纸上的水墨：瓦檐上积着露水，一只懒猫睡在那里，三朵五朵茉莉花开得很忧郁。难得一见的太阳温暖地照耀，是初升的太阳，青山还是黛色的，沱江两岸人家的板房让太阳镀了一层金，吊脚楼下的流水像丝绸一样抖动，一叶扁舟桨声咿呀，几只黑得发青的鱼鸦默立船头……

在这种的绝美之境长大的沈从文，他提笔写作绝不会忘记这片美丽又哀愁的山水，他喜欢这里的山川草木雨雪霜露，还有坛坛罐罐花花草草。他建国后不写小说，就专门研究那些花花草草的服饰，铜镜、瓷器、织锦等。汪曾祺嘲笑他这是“抒情式考古”，他也不争辩。他和汪曾祺一样，不是那种气吞山河式、黄钟大吕式的男子。他们是婉约的、古典的、小桥流水的、花花草草的人。在他们的笔下，山川草木，花花草草是有生命的、有灵性的，这样的文字看了让你感动并且感悟：“小溪谷里生长芷草，到如今还随处可见。这种兰科植物生根在悬崖罅隙间，或蔓延到松树枝桠上，长叶飘拂，花朵下垂成一长串，风致楚楚。花叶形体较建兰柔和，香味较建兰淡远。游白燕溪的可坐小船去，船上

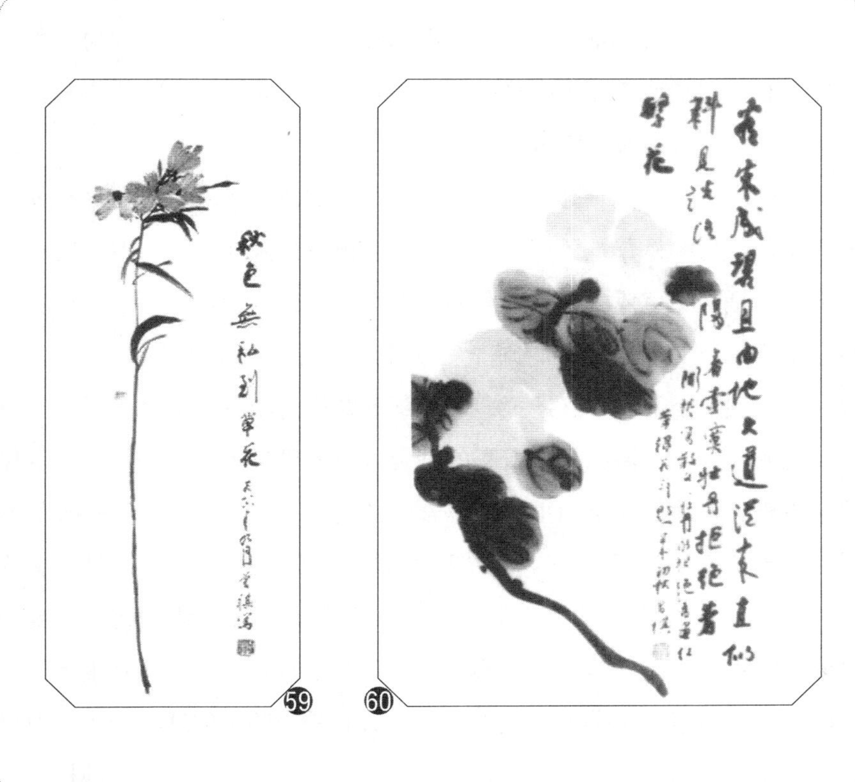

图59：汪曾祺的画：《秋色无私到草花》。

图60：汪曾祺的画：《看朱成碧》。

人若伸手可及，多随意伸手摘花，顷刻就成一束。若崖石过高，还可以用竹篙将花打下，尽它堕入清溪洄流里，再从溪里把花捞起。除了兰芷以外，还有不少香草香花，在溪边崖下繁殖。那种黛色无际的崖石，那种一丛丛幽香炫目的奇葩，那种小小洄旋的溪流，合成一个如何不可言说迷人心目的圣境！若没有这种地方，屈原便再疯一点，据我想来，他文章未必就能写得那么美丽。”

汪曾祺与沈从文一脉相承，也是写花草的高手。或者可以这样说，他的笔下从来都是花花草草。你可以把它拔高到人间草木，但是所有的草木全都是花花草草的植被，它们全都在竹篱旁或山坡上自生自灭。只有遇上沈从文或汪曾祺，它们才上升到美学层面艺术层面——“一下雨，什么颜色都郁起来，屋顶，墙，壁上花纸的图案，甚至鸽子：铁青子，瓦灰，点子，霞白。宝石眼的好处这时才显出来。于是我们，等斑鸠叫单声，在我们那个园里叫。等着一棵榆梅稍经一触，落下碎碎的瓣子，等着重新着色后的草。”“我家的后园有棵紫薇，这棵紫薇有些年头了，主干有茶杯口粗，高过屋檐。一到放假，它就开起了，真是‘繁’得不得了。紫薇花是六瓣的，但是花瓣皱缩，瓣边还有很多不规则的缺刻，所以根本分不清它有几瓣，只有碎碎叨叨的球，当中还射出许多花须、花蕊。一个枝子上有许多朵花，一棵树上有数不清的枝子。真是乱，乱红成阵，乱成一团，简直像一群幼儿园的孩子放开了又高又脆的小嗓子一起乱嚷嚷。”真是生动极了，任何时候看，你都会看到那些繁得不得了的紫薇花，开疯了，疯得像一群疯丫头，而另一处的栀子花，则像个野小子：“凡花大都是五瓣，栀子花却是六瓣。山歌云：栀子花开六瓣头。栀子花粗粗大大，色白，近蒂处微绿，极香，香气简直有点叫人受不了，我的家乡人说是‘碰鼻子香’。栀子花粗粗大大，又香得掸都掸不开，于是为文雅人不取，以为品格不高。栀子花说：‘去你妈的，我就是要这样香，香得痛痛快快，你们他妈的管得着吗。’”

什么东西入眼入心，都不是偶然的，都能见一个人的精神气韵。对山川草木花花草草的兴趣，就是对人生的一种态度。他是热爱生活的，他也是，他们对生活中的美从来不会漠不关心，汪曾祺说过："与作颇勤快，人间送小温。"小温，小小的温暖，片刻的欢愉与清新，这是越来越多的人喜爱他们的原因吧！

在凤凰

在湘西橘子园，我写下这样的文字："我从橘子园里闲闲走过时，看到了穿蓝衣的大娘，还有炊烟、篱笆和菜园子，筑着鸦巢的村头老枫树，以及鸡啼。鸡啼到最高潮时分，雨停了，村子里家家炊烟升起来，乳白色淡蓝色奶黄色的炊烟从各家屋顶上安静地升起来，为什么炊烟的颜色如此不同？我知道是燃料不同的缘故，有的人家烧青蒿，有的烧稻草，有的烧树叶——没有一丝风，炊烟笔直地上升，站在农家旅馆木窗前我看呆了，闻到了炊烟中的粳米饭和梅干菜烧腊肉的香气，口水都要流出来。这顿晚餐我连吃三碗，从来没有这么好的胃口。真的，我都不想走了，就在这里安家吧，这山这水这人家，多么温暖——"

我为我的这段文字陶醉，这样唯美的文字完全受着沈从文的诱惑，生活一地鸡毛，需要文字给予我们温暖与抚慰，这是沈从文和汪曾祺受人追捧的理由。他们的笔惊人的一致，从不写脏，遇到脏的、污的就一笔带过，他们把笔停留在美的爱的地方，停在有光明有温暖的地方，即便这爱即将死亡了、殉情了，仍然是唯美的、温暖的："但到了秋天，一切皆在成熟，悬在树上的果子落了地，谷米上了仓，秋鸡孵了卵，大自然为点缀了这大地一年来的忙碌，还在天空中涂抹了些无比华丽的色

图61：凤凰的早晨。

泽，使溪涧澄清，空气温暖而香甜，且装饰了遍地的黄花，以及在草木枝叶间敷上与云霞同样的眩目颜色。一切皆布置妥当以后，便应轮到人的事情了。”这是《月下小景》，这是死亡的铺垫，引导着读者一步步走向爱的天堂：“两人同往常任何一天相似：在约定的中午以后，在这个青石砌成的古碉堡上见面了。两人共同采了无数野花铺到所坐的大青石板上，并肩地坐在那里。山坡上开遍了各样草花，各处是小小蝴蝶，似乎向每一朵花皆悄悄嘱咐了一句话。向山坡下望去，入目远近都异常恬静美丽。长岭上有割草人的歌声，村寨中有为新生小犊作栅栏的斧斤声，平田中有拾穗打禾人快乐的吵骂声。天空中白云缓缓地移，从从容容地流动，透蓝的天底，一阵候鸟在高空排成一线飞过去了，接着又是一阵。”

生，在纯朴的青山间，死，在唯美的爱情中，这样的人生没有遗憾。对他们来说，生是美的，如同春花；死，也是美的，如同红叶——不过是从人间到天堂的时空转换，所以湘女们从来不会害怕死亡，还有比这更美的人间吗：“月光如银子，无处不可照及，山上篁竹在月光下皆成为黑色。身边草丛中虫声繁密如落雨。间或不知道从什么地方，忽然会有一只草莺“落落落落嘘！”啭着它的喉咙，不久之间，这小鸟儿又好像明白这是半夜，不应当那么吵闹，便仍然闭着那小小眼儿安睡了。”这是《边城》中的一景，在湘西，处处都是这样的天堂：“向对河望去，但见千山草黄，起野火处有白烟如云。村落中乡下人为耕牛过冬预备的稻草，傍附树根堆积，无不如塔如坟。银杏白杨树成行高矗，大小叶片在微阳下翻飞，黄绿杂彩相间，如旗纛，如羽葆。又如有所招邀，有所期待。沿河橘子园尤呈奇观，绿叶浓翠，绵延小河两岸，缀系在枝头的果实，丹朱明黄，繁密如天上星子，远望但见一片光明幻异，不可形容。”

离开凤凰的那天的，雨一直在下，南方的雨一下起来就没完没了，雨水将我阻止在从文故居内，哗哗作响的雨水道出了我的满腹心事，雨挂在老屋天井里，像麻丝一样织成密密的帘子，零乱的花草让雨打得东倒西歪。眺望雨中的凤凰，一脉古典情怀和源自民间的乡土芬芳在心头氤氲，还有一种对凤凰的情欲，像野草一样在心头疯长——是的，是情欲，那是对凤凰迟暮死心塌地的迷恋。也真的感谢这场不期而至的雨，它让我稍稍平静下来，让我在凤凰的雨里静静地体味一种古典与唯美的韵致。当然，雨中的凤凰有点暗淡，有点陈旧，所有的湘西的古镇老村都有些显旧，但我喜欢这些散落在辰水、沅水、酉水之旁的古村落，爱它寂寞的陈旧的容颜。像曾经美艳如花的女子在岁月长河中日渐形容枯槁，用杜拉斯的一句话就是："比较起来，我更爱她备受摧残的容貌。"在群山背后，在那些古镇老村之间，我看到先民们对人生的精细与诚恳，他们淡定从容，从不敷衍了事草率马虎，所有创造都围绕着耕读渔樵的理想家园。我的湘西之旅像是回家，没有一点陌生感觉，那些庭院篱笆、青草牛羊、铁匠和篾匠、古桥与老屋——所有的一切我是那么熟悉，寂寞地走在熟悉又陌生的湘西，我想我是回到老家了。

南方老家其实无法回归，故园只能存放在沈从文这样的游子心头，我只能在寂寞的黄昏写下这些寂寞的文字，在被秋风吹得散乱的宣纸上抵达凤凰苍凉的故园。其实，所有幽暗寂寞的故乡，也大都就在发黄的旧纸上。

第四章　寂寞与温暖

『一个人过于爱有生的一切时，必因为在一切有生中发现了「美」，亦即发现了「神」。必觉得那个光与色、形与线，即是代表一种最高的德性，使人乐于接受它的统治，受它的处置。』

——沈从文

酒　鬼

沈从文在西南联大时，有天晚上半夜回家，走到门口正准备掏钥匙，突然发现角落里躺着个黑乎乎的人，他吓了一跳。先以为是乞丐，又不太相信。正愁不知怎么办，就闻到一股浓烈的酒气，然后听到一阵阵呻吟。他有点疑惑，有乞丐醉成这样？他探过身子一看，原来是汪曾祺，他像一摊泥似的瘫坐在那里。沈从文又气又急，用力将他拖进家门。

这只是汪曾祺无数醉酒中的一次，他是一个典型的酒鬼，不喝酒不能活的那种——听闻一多讲课，别的都没记住，只记住他的一句话："痛饮酒熟读《离骚》，方称名士。"有一阶段，汪曾祺逢人就说这句话，你听出弦外之音了吗？傻子也能听得出啊：他喝酒，是为了熟读《离骚》，还为了做名士。他跟别的酒鬼是不一样的，人家是酒囊饭袋，他是为了读《离骚》，做名士。他说他的，可能也没人相信，谁相信一个酒鬼的话？我的文友苏北是汪曾祺的入室弟子，他说："汪先生饮酒那才叫痛饮，不是痛饮是豪饮——你能想象吗？他喝酒从来不是一口一口地抿，也不是一口一口地呷，他真是饮，一喝一大口，真猛，太猛了。"苏北告诉我，北京地坛公园有一个算命的，看到汪曾

图62：抽烟的汪曾祺看起来十分潇洒。

祺，说："你就是一个酒鬼，你肯定是一个酒鬼，你要是戒了烟酒，你还能活三十年。"汪曾祺看着那个算命的，回答道："你是不是想强迫我算一卦？我可以告诉你，我就是多活一百年我也不会戒酒，我不抽烟不喝酒，活着干吗？"家里人从老到小都反对他喝酒，但是他在家里不喝到外面喝，明里不喝背着家人偷偷喝。有一天，儿子汪朗从外面回来，说："老头，又背着我们偷偷喝酒了。"汪曾祺一脸无辜："谁喝酒了？谁喝酒了？你们不许污蔑好人。"汪朗说："谁污蔑好人？就你还算好人？口是心非，当面一套背后一套，两面派。"汪朗得理不饶人，大声嚷嚷，老妈和妹妹一起跑出来："老头又喝酒了？他不是发过誓吗？赌过咒吗？这才几天呀？怎么老毛病就是改不了？"汪曾祺气得满脸通红："我没有喝酒，谁喝酒了？口说无凭，你拿出证据来？"汪朗说："好。"转身从包里拿出报纸，原来，汪曾祺偷着喝酒被他自己写成随笔在报上发表了，汪朗把报纸递到汪曾祺面前："白纸黑字，岂容抵赖？"汪曾祺一看，傻眼了。

汪曾祺女儿汪朝说，还是她十三四岁的时候，妈妈天天出差，每月给她一百块，让她管家里的吃喝开销。为什么不让汪曾祺管？因为他好酒，一月一百块生活费他可以拿五十元去买酒，这样的日子没法过。自汪朝管家，她每天给汪曾祺一块钱，一包香烟五毛，二两酒三毛，剩下一毛买俩芝麻火烧。汪朝说："中午别喝酒了，又要挨斗，又要干活儿，吃得好一点。"到了第二天早上，汪曾祺磨磨蹭蹭老不走，讨好地说："妞儿，今儿多给几毛行吗？"汪朝说："干吗？"汪曾祺说："昨儿中午多喝了二两酒，钱不够，跟人借了。"汪朝一下子火了起来："一个臭老九，还跟人借钱喝酒？"被她一吼，汪曾祺捏着一块钱，小媳妇似的出了门。这天晚饭后，酒足饭饱的汪曾祺又和以往一样拿女儿寻开心：

胖子胖，打麻将，
该人钱，不还账，
气得胖子直尿炕。

汪朝也不显弱，不紧不慢地说："胖子倒没欠账，可是有人借了人家钱赖着不还，是谁谁知道。"汪曾祺一听，恨不得找个地缝钻进去。第二天一回家，他就主动向女儿汇报："借的钱还了。"汪朝说："不喝酒，可以省不少钱吧？"汪曾祺一脸坏笑，不无得意地说："喝酒了，但是没吃饭。"汪朝气得跳起来，汪曾祺早跑得没影了。汪朝当天晚上坚决不让他喝酒，还向妈妈施松卿告状："这个汪老头，我可管不了了，喝酒成仙，我不管他了，他爱咋咋的。"汪朝接着将汪曾祺的种种罪状一一向妈妈和盘托出。施松卿恨恨地说："别说了，明天把他酒壶藏起来，罚他半个月不许沾酒，跟酒鬼就是要无情无义。"

老顽童

在汪家，老老小小包括安徽来的小阿姨都叫汪曾祺“老头儿”，施松卿这样叫，汪朗也这样叫，到后来连小孙女也这样叫。来了外人，一家人在一起谈话，谈着谈着，一不留神也常把“老头儿”冒了出来，弄得人家直纳闷：这家人怎么回事，没大没小的，叫老爸“老头儿”，成什么样？还文化之家呢！

其实一家子在一起没大没小，全是汪曾祺自找，他一向主张父母与子女之间应该平等相处，从不要讲究什么父道尊严。他甚至还写过一篇《多年父子成兄弟》，说什么“我觉得一个现代化的、充满人情味的家庭，首先必须做到‘没大没小’。父母叫人敬畏，儿女‘笔管条直’最没有意思”。有这样一个开明到没大没小的老爸，不叫他“老头儿”实在有点对不住他这份“开明”。

“老头儿”称呼用于汪曾祺，是在他尚未到六十岁时。后来他虽然戴上了“著名作家”甚至“著名老作家”的帽子，参加各种活动被人恭恭敬敬地称为汪先生、汪老师、汪老，但是在家人中间，他始终只是“老头儿”，平平常常，随随便便，甚至窝窝囊囊，还经常受点打击。孙女小时候跟安徽小保姆念歌谣：

图63：一九九五年，汪曾祺和林斤澜在温州。

老头子，上山抓猴子。

猴子一蹦，

老头儿没用。

老头儿在房间里写作，听到这话坐不住了，就凑过来插嘴：“猴子没蹦，老头儿有用。”“不对不对，老头儿没用。你这个老头儿就没用。”小保姆一点不让他，小孙女更不让他：“老头儿没用，就是没用。”他死乞白赖地争：“有用有用，我有大用。”小孙女联合小保姆两人争他，他争不过，就说：“没用就没用。”老头儿一缩脖子，笑嘻嘻地走了，继续写他的文章。家人不拿他当回事，他并不在意，时不时在家老顽童般来一番恶作剧，这也是沈从文时常玩的把戏。

黄永玉回忆说，沈从文五十多岁时，陪一家老小到北海公园去玩，玩得开心，看到一棵树，忽然往手心里呸呸吐了几口唾沫，蹦着跳着跑上去，忽然露出惊人的本领，在树干上“拿”了一个大顶。家里人从来不知道他还有这本事，失声惊叫起来。小孩子们更人来疯，推着他再“拿”一个，他也人来疯，笑着在周围六七棵树上一连“拿”了六七个大顶，把孩子们惹疯了，跟着他一阵疯跑，那真是一个开心的下午。他似乎意犹未尽，在树枝上摘下一片叶子，随随便便舐在舌尖上，画眉鸟的叫声就从那里发出，叫得真像啊，把真的画眉鸟都引来了。沈从文不满足，叫声渐渐变复杂了，像是两只画眉在打架。黄永玉说：“画眉打架了。”他吐出叶子说：“不对，是画眉在采雄（湘西话是交配的意思）。”他一路走一路吹，不仅仅是画眉，后来有喜雀、黄鹂、布谷、杜鹃——有一次，我们从大胡同经过，发现桑树上有一只黑白相间的花天牛，非常好看，他捉住放进口袋里，说：“回家给龙龙玩。”到家门口，从口袋里掏出天牛，掏了半天没掏着，才发现口袋被咬破一个洞，花天牛早飞上天了。他笑出了眼泪，事后想起还是笑：“怎么没咬着我的肉啊？”

老顽童没心没肺地玩起来是顽童，一旦火起来，也是要烧人的。他最常对家里两个小子说的两个字就是“耳朵！”这是他警告儿子最狠的话了，意思是：“还在皮呀？小心你的耳朵！”如果孩子们不及时纠正错误，他们就会被拧耳朵，沈从文毫不客气地走上去，拧起龙龙或虎虎的耳朵，拧成麻花，让他们痛得龇牙咧嘴。但是这样的事据说只发生过那么一两次，因为实在太痛，所以孩子们一直记得。沈龙朱还记得住在大雅宝胡同时，每到秋天，北京街头核桃特别多，龙龙和虎虎自己买了来，咬不开，用锤子敲，掌握不好力气，一锤下去往往就敲得稀巴烂。后来无师自通地发明一个好办法，将核桃放在门轴下，上面是木头门，下面是石头轴，只需将门轻轻一合，核桃就自动开裂，他们一个一个用门轴轧核桃，一下午能轧出一大堆核桃。沈从文回家见着了，很眼馋，趁龙龙和虎虎不注意，也去轧，突然一声惊叫，龙龙和朱朱跑来一看，原来他轧着手了，真痛啊，第二天手指头冒出个大血泡，肿得像根胡萝卜，他缩在袖笼里，不让他们看。

失　恋

汪曾祺在西南联大的时候，遭遇过一次失恋，那次失恋让他备受打击，在床上整整睡了三天。

那时候汪曾祺和同学朱德熙住在一起，常常下课等朱德熙，两人一同回到出租屋。因为钥匙只有一把，汪曾祺野得很，老丢东拉西，一把钥匙放在朱德熙那里，一连几天他去等朱德熙，都发现一个身材高挑的女生，她似乎知道他叫汪曾祺，是中文系的才子，在西南联大很有名。每次看到汪曾祺，都会嫣然一笑，她正是汪曾祺心仪的那种女生，她的微笑让小汪多了一份念想，不知谁和谁先说话，两个人就走动起来——这个过程很神速，少年的心，都有点微风吹过水面，皱了一池春水的意思，两个人很快约会了，在一起很快乐，无话不谈，连朱德熙也很羡慕，羡慕他眨眼之间就把女生哄得团团转。汪曾祺则颇为得意地告诉他，他已经带着该女生到翠湖玩过三次了。朱德熙故意认定他在吹牛，鼓动他有本事把女生领到他们出租屋来，汪曾祺说："这是小意思，她早就想过来看看，因为这里实在太破，我一直不让她来。"汪曾祺第二天就把屋子收拾了一下，准备下午带女生过来。

朱德熙下午早早回来，却没有看到女同学，汪曾祺睡在床上，只

图64：汪曾祺一生的好友、著名语言学家朱德熙。

说头昏。一连三天，汪曾祺天天睡觉只说头昏，朱德熙以为他生病了，并不太在意。房东王老伯可害怕了，告诉朱德熙：“你一走，小汪就偷偷哭哩，我前些天在街上看到他挎着女同学的膀子，他这是失恋了，怕是想不开哩。”朱德熙这才相信了王老伯的话，跑到床边左叫右叫，汪曾祺就是不肯起来。王老伯在一旁说：“他不是好喝一杯吗？你快弄点酒来，他闻到酒保证就醒了，再也睡不住了。”朱德熙认为这是个好主意，可是，他是穷光蛋，口袋里这几天连打酒钱也掏不出。急中生智，他卖了几本物理书，然后得了几文钱就买了卤牛肉和烧酒跑回来。闻到卤牛肉和烧酒的香气，汪曾祺睁开了眼睛，不等朱德熙劝慰，他早就想起床了。听到朱德熙一番劝解，他假模假样地在床上磨蹭了一番。朱德熙见状，干脆将酒和菜用报纸垫了就放到床上，与汪曾祺抵脚拥被一番豪饮。汪曾祺几杯酒下肚，酒色上脸。朱德熙趁机说：“大丈夫何患无妻？那个女人没眼力。” 汪曾祺将一瓶酒喝光，倒头而睡，第二天就像没事人一样。

与汪曾祺的无情相比，沈从文要痴情得多，他在芷江做收税员时，恋上一个女孩子马泽惠，据《沈从文传》描述：“那女孩子白白的面庞上飞起绯红的笑靥，她细腰长身、体态轻盈，身体各部分配置得似乎都恰到好处。胸前一对拳头大结实的小乳房，半害羞似的躲在衬衫里，又半挑逗似的仿佛要从衣缝中豁裂而出……”沈从文被爱情这个魔鬼搅得寝食不安、魂不守舍，一首首情诗通过弟弟马泽淮传到姐姐马泽惠手里。当时沈母见沈从文在芷江混得不错，就卖了凤凰的一处老房子，带着女儿来投奔沈从文，并将卖房子的几千块银元全交给沈从文保管。此事被马泽淮得知，看到沈从文想与马泽惠约会，他说：“可以，可以，我姐姐也正想见你——不过，她要穿最漂亮的衣裳，要买最好看的鞋子和化妆品，她要打扮得漂漂亮亮地来见你，只是，我也没钱，她也没钱，我对不起我姐姐……要不，沈先生就算借我一百块银元吧，我很快会还的，算我借给你的。”既然开了口，而且还说是借，哪有不借之理？何况她是自己日思夜想的情人。沈从文马上取出一百元交到马泽淮手上。几天后，马泽淮倒是真的如期偿还了沈从文，还安排他与姐姐见了一面。

从此以后，马泽淮三天一小借，五天一大借，有借有还有还有借，借借还还还还借借之后，沈从文也糊涂了，到底借给马泽淮多少钱？他偿还了多少，很多时候就在原借契上添个数字，归还时将名字划掉。沈从文还陶醉在想象的热恋之中，他糊糊涂涂的。有一天沈母向他拿几个钱购置几件像样的家具，沈从文从箱匣里取钱时，却发现替母亲保存的银元已所剩无几。他慌了，跑去找马泽淮，人却不见了，追问马泽惠，马泽惠只是哭泣，然后离他而去。沈从文彻底崩溃，没法回家去面对孤苦无依的母亲。他坐在穿城而过的芷江边想投水自尽，又觉得这样对母亲打击太大，也让世人嘲笑。一直到天色微明、露水打湿他的头发与衣裳时，他才做出决定：离开芷江，到北京去，不活个人样，绝不再回湘西。

午门楼上

汪曾祺初入北平时，又一次遭遇失业，大半年时间里，就是找不到工作——从海漂到北漂，一路失业到如今，令他绝望透顶。好在沈从文总是鼎力相助，通过关系将他安排到设在午门楼上的历史博物馆工作，就是给文物抄写标签，让他在北平有一个安身之处。那时候他就睡在一处狭小的门房里，晚上，午门楼上空无一人。后来他在《午门忆旧》中写道："到了晚上，天安门、端门、左右掖门都关死了，我就到屋里看书。我住的宿舍在右掖门旁边，据说原是锦衣卫——就是执行廷杖的特务值宿的房子。四外无声，异常安静。我有时走出房门，站在午门前的石头坪场上，仰看满天星斗，觉得全世界都是凉的，就我这里一点是热的。"

多年以后，沈从文无处可去，也来到午门楼上，他接手的工作正是他介绍汪曾祺做的那份职业：给文物抄标签。那时候他五十岁了，一身灰布棉袄，套着两只深蓝色护袖、两只白色的棉纱手套。走出家门，他的背微微有点佝偻，从背影上看，有点像老人了，特别是那深蓝的护袖与手套，就是北京胡同里老人冬天的最爱。他手里提着饭盒，里面装着两块烙饼，有时候夹一块猪头肉，那是他的午餐，中午将饭盒搁在博物馆门房的蜂窝煤炉上热一热，然后就着开水吃下去。因为用的时间太久的缘故，饭盒底上有一层焦印。有一次，他在这里遇到吴晗来检查工

图65：沈从文和汪曾祺都工作过的午门楼。

作。沈从文一见他马上躲到一边去。吴晗是他的学生，当年他疯狂地追求张兆和时，吴晗同样迷恋张兆和，和他一样发疯似的给张兆和写情书。如今，他是北京市副市长，他是博物馆抄标签的小工，顶头相见太难堪了，沈从文一躲了之。几年后，让他去给观众当解说员，这倒是学有所用，他成天领着一拨又一拨群众在午门楼上参观，他的那些考古知识全部派上用场，生动有趣的解说吸引了众多参观者，跟在他后面的人越来越多，他十分得意，越发讲得起劲，直到口干舌燥。有一次，一个游客不走，定定地站在一边，他嘴里含了一口烙饼在吃。一看，愣住了，原来那个人是汪曾祺。汪曾祺笑着说："什么时候改行当讲解员了？"沈从文羞得满面通红，每每在参观人群中遇到昔日的熟人朋友，他都有点难堪，但是他没想到会在这里遇到汪曾祺。汪曾祺说："我跟了你一上午了，你讲得太投入了，我也不好打扰你，就是怕你在人前难堪，好不容易等到你吃饭了——"

不久，连讲解员也不让他做了，让他去扫厕所，而且指定扫女厕所——他麻木了，并没有拒绝，也不可能拒绝，每天拿着扫帚和拖把，把女厕所打扫得干干净净。他后来自豪地对外国记者说："我可以肯定，我打扫的女厕所是全北京最干净的女厕所。"那位外国女记者说："沈老师，您受苦了。"他突然号啕大哭，哭得像个受伤的孩子。有趣的是，时隔不多久，汪曾祺也和沈从文一样被安排扫厕所，汪曾祺扫厕所水平一流，知道如何通下水道，如何去掉尿垢。多年以后他从张家口回来，说起这件事，施松卿不相信，汪曾祺说："好，那你等着啊。"汪曾祺买来了铲子、刷子和去污粉，卷起衣袖就在几家共用的厕所里忙活开了。他先是用铲子一点一没地铲，将尿碱铲掉。然后用刷子沾上去污粉用力刷洗。雪白的陶瓷慢慢显露出来，大半天之后，一个雪白干净的马桶重现在厕所里。施松卿又惊又喜，想不到一向当甩手掌柜的汪曾祺竟然这么能干。

下　放

沈从文下放到湖北咸宁，南方多雨，干校四周全是蓄满水的青青稻田。没事时他喜欢站在窗口看牛。长满青草的细细田塍弯来绕去，结成一张网，网住这一片偌大的水田。一头骨骼庞大的老水牛，缓缓从田塍上走过，后面跟着三五条小水牛，牧童就坐在牛背上吹柳笛，一队水牛倒映在水田里，就像一幅画。

沈从文在干校负责看守菜园，早饭后他踏着露水去菜园。菜园有一个很奇怪的名字，叫“七五二高地”，里面种的多半是萝卜和白菜。他来了就坐在菜园子边上的草棚子里，也没有事。不过也不能分神，附近农民也有来偷菜的，在他们看来，在干校里的教授日子过得太好了，曾经有一个老乡在菜园边上对沈从文说出顺口溜：“穿得好吃得好，一人一块大手表——”意思是你们过得这么好，偷你几个萝卜红薯算什么。好在沈从文比较认真，菜园子倒没少什么，听说钱钟书的夫人杨绛看守的红薯被偷掉不少，去问当地老乡，没一个人承认，然后又当她面唱起那支顺口溜。

沈从文先前以为看菜园子只要防着人来偷就行了，没想到这里的牲口比人还精，先是几头牛在菜园边啃草，一边啃，一边眼睛骨碌碌地

图66：沈从文下放的湖北咸宁五七干校，教授们正在田间劳动。

盯着沈从文，趁他不注意，头一歪就啃掉几棵卷心菜，它们也知道自己做了错事，有点心虚，看到沈从文过来，掉头就逃。比较起来，牛比较老实，一轰赶就逃跑，不敢恋战，最讨厌的是那些猪们——猪一向是蠢笨的，可当地那些瘦小的土猪狡诈之极，因为瘦小，奔跑起来特别快，它们会群体作战，还搞声东击西。派一只猪先在草棚附近佯装进攻卷心菜与胡萝卜，沈从文举着竹棍冲过来，这只猪并不离开，而是在各个菜畦之间迂回包抄，与沈从文玩捉迷藏。而在另一边，黑猪们则成群结队地进入菜地，胡嚼海吃，弄得菜地一片狼藉。沈从文两边受敌，顾此失彼，一直到大队人马前来助阵，那些饱餐一顿的猪们才心满意足地撒腿而逃。

汪曾祺的下放可没有这么舒服，他后来写文章说："初干农活，当然很累，像起猪圈、刨冰粪这样的重活，真够一呛。我这才知道，'劳动是沉重的负担'这句话的意义。但还是咬着牙挺过来了。我当时想，只要我下一步不倒下来，死掉，我就得拼命干，大部分农活我都干过，力气也增加了。"曾经手无缚鸡之力的汪曾祺后来力气大到什么程度？秋收时节，所有收获的粮食要收归粮囤——高高的粮囤怎么上得去？走"跳"——汪曾祺后来说给儿子汪朗听，汪朗当时还没有下放，不知道什么叫"跳"。"跳"就是一块一尺来宽的木板，很长很长，一直从地面通到粮囤顶端。那时候也没有机械化的传送带什么的，粮食打下来归囤，就靠人扛着走过跳板，走向粮囤顶端，然后肩膀一斜，将满满一麻袋粮食倒入粮囤。"跳"上钉着一排排小木条，防止打滑。因为跳板实在太长，人走上去，一跳一跳的波动，汪曾祺一边防止跌下来，一边还要照顾肩上扛的两百斤重的玉米或小麦，真是累，很累。一天粮食扛下来，人累得要瘫倒。这样的重活一干就是半个月，那些年不知道怎么熬过来的。

汪曾祺把这些事说给孩子们听，他们都不相信，汪朗说："老头，又瞎吹了吧？你在西南联大体育不及格，连毕业证都没拿到，现在把自己塑造成大力神？想象力太丰富了，编小说编习惯了啊？”汪曾祺嘿嘿一笑，也不分辩。一直到汪朗到了老头当年的年纪，这才发现，老头就是老头，说话做事向来滴水不漏。据和老头在一起劳动改造的剧团农工组的老同事说：“老汪做事从不藏奸，和群众关系好，‘人性’不错——”人性，人的本性？人的品性？他生性就是这样的人，从来不愿记忆那些苦啊悲啊的东西。他提笔写人性，从来都是朴素、纯真、慈爱和美好——只有记住美好，才有活下的理由与勇气，人生才有希望。

老母鸡下蛋

早年住房紧张，汪曾祺想写作了，家里乱糟糟的，没有一块安静的地方，甚至也没有一张属于他的桌子。他要写作，只能等饭吃好后用饭桌当写字台。但是饭桌一到晚上被几个孩子霸占着，汪曾祺急得不行，像一只要下蛋的老母鸡，绕着桌子打转转。

汪曾祺每次灵感来了，孩子们就悄悄地说："老头儿要下蛋了。"被汪曾祺听到了，马上沉下脸："瞎扯，什么蛋不蛋的，人家是写文章。"孩子们嬉皮笑脸："写文章就是下蛋。"时间长了，汪曾祺习惯了，也不生气："快点快点，我要下蛋了，这回下的可是个大蛋。"孩子们不理他，卧室里女儿三班倒正在睡觉，弄醒了她要发脾气。这边几个捣蛋鬼故意磨磨蹭蹭不让，汪老头活像一只老母鸡要下蛋找不到鸡窝，憋得满脸通红。一直到女儿汪朝起床洗脸准备上大夜班，他才迫不及待地冲进房间，挥笔刷刷地写起来。

写作的人都有瘾，是生命里的一种本能，脑子里有了好文章不写出来，那憋得好难受。所有的作家都是如此，沈从文也不例外。在上海那时候母亲和妹妹全跟着他，为谋生存，他住在一片低矮的、用牛毛毡和石棉瓦搭的破屋里，一到夏天，热得像蒸笼，他只穿背心与裤衩，浑

图67：晚年的汪曾祺，有时候很寂寞。

图68：一九八五年，与夫人、孙女、外孙女在一起。

身上下一股汗馊味。他将唯一的一张小木床让给生病的母亲，自己和九妹就睡地板。有一天晚上，他一直写到天亮，忽然听到九妹在他背后哭泣——原来，母亲面前的痰盂里，又吐了半痰盂的血，而家中只剩下不到十块钱。九妹哭得泣不成声，母亲在病榻上奄奄一息，沈从文看着渐渐升起来的太阳，欲哭无泪。他去床边看了母亲一下，又伏下身子来奋笔疾书，母亲的药费、回乡的路费、下个月的生活开销、还有即将开学的九妹的学费——他一支笔杆子在纸上轻轻游走，他沉进去，汗水滚滚而下，滴在稿纸上，他一言不发地写着，直到纸上出现一滴血，一滴红红的蚕豆大的血块，是从他鼻子里流出来的，他用手一抹，手背上全是血，那血是暗红色，红得像油漆。

如果说写文章是下蛋，那沈从文下的是带血的蛋——只有写文章的人才知道写作的苦处，但是爱上写作是没有道理的。他肯定爱自己的亲人：老婆、孩子、亲友，但是在心的角落里，却保留着一块空地，那是留给同道的，留给文学爱好者的，他觉得他们在一起才能真正在精神上得到沟通。所以沈从文遇到一些热爱写作的人，像汪曾祺等，他发自内心地喜欢他们，想帮助他们——后来汪曾祺也是如此。

汪曾祺还在《说说唱唱》当编辑时，当时全国文学杂志很少，一份杂志来稿多得不计其数，《说说唱唱》也是如此。大量来稿经编辑粗粗看过之后，就放在一旁，久而久之，稿件越积越多，最后都当废品处理掉。这天汪曾祺无意中坐在堆满废稿的房间里抽支烟，随手抽出一篇稿件看了起来，这篇名字叫《活人塘》，作者是陈登科。汪曾祺一目十行地看下去，突然就被这篇小说吸引，虽然作者文化不高，错别字连篇，但是那鲜活的人物形象感染了汪曾祺。他马上摁掉香烟，拿着这篇稿子找到主编赵树理：“这篇小说我看写得不错，改一改可以发表。”编辑们围拢上来，大家一看，那么多错别字，实在没法看。汪曾祺说：“我看了几页，确实是好东西啊？错别字我们猜一猜。”他们看到一个繁体字的“马”字，但是里面没有四个点。大家猜了半天，汪曾祺猜是“趴”字，联系前后文发现可能是“趴”字，汪曾祺说：“你们想想，这匹马没有四条腿，可不就趴在那里？以我看，这个作者是天才，虽然文化低了点，但是很有培养前途。”

后来《活人塘》发表，轰动全国，作者陈登科成为著名作家。邓友梅说：“汪曾祺慧眼独具，救活一匹好马。”作家搞创作都是“老母鸡下蛋”，汪曾祺经常“下蛋”，知道“下蛋”的苦，所以看到好“蛋”，绝不会随手丢掉，那样太可惜。

早慧与晚熟

张爱玲说："成名要趁早啊，否则快乐也不那么快乐了。"实在是至理名言，成名早，早早享受名利带给自己的幸福与快乐，这样的人生实在太美好了。老态龙钟时成名走红，人都老成那个样子，饱经世事心如止水，名利的快乐已经激不起任何兴奋，这样的成功来得太迟了——可是，成名很早的张爱玲尽可能这样"站着说话不腰疼"，一个人能否成名，是个人能控制的吗？

沈从文成名很早，在二十岁才出头时，他就无师自通地写出了一系列精彩绝伦、优美绝伦的短篇小说，《蜜柑》《雨后及其他》《神巫之家》已经出版。写《边城》和《长河》时，也不过就是三十出头。如此早慧的作家，他并没有受到系统的教育，只是早年在故乡读过几年小学，你无法设想他的灵慧出自何处，你只能承认，这个世界有天才存在——最起码对于沈从文来说，他是个写小说的天才，对人世沧桑、对山川草木的感悟来自天生。天才可能就是天生的才华，没有任何由头，上帝赋予他的。张爱玲说："我从小被目为天才，除了发展我的天才外别无他路。"和沈从文一样，张爱玲也是被称为早熟的天才，她第一篇得奖作品就是《天才梦》。徐志摩在看了沈从文的《阿里斯中国游记》

图69：一九九三年，汪曾祺和施松卿在海南。

图70：一九九六年，汪曾祺与女儿、外孙女在一起。

后，马上决定在他主编的《新月》杂志连载，并在小说出版时作序说："这是中国小说界的大著作，是天才的显露，是手腕灵敏的体现。"可是沈从文自己却否认"天才"与"灵感"，他最重视作家的修养，这是他始终一贯的观点，他所谓作家的修养主要包括三方面：一、人格修养，二、知识修养，三、美学趣味和创作技能修养。

和沈从文相比，汪曾祺和沈从文正好相反，是晚熟。沈从文一向视他为高足，但是除了有限的几篇习作，汪曾祺并没有写出个多少惊世的才情之作。但是他在西南联大的师生中，名气却很大，很多人都知道他，包括后来与他结婚的施松卿。当然，他肯定是有才的，才高八斗，但他还没有付诸文字，给他的才华找到一个合适的载体。与他交谈，他会迸发出才情火花，所以他身边的人都知道他是一位才子，他的前途不可限量——沈从文早就这样说："你们这些学生中间，将来会出几个大作家，比如像汪曾祺——他其实写得比我好。"很奇怪，这时候汪曾祺一文不名，甚至小说也就写过几篇，还是托沈从文帮忙才发表。但是沈从文坚持认定他是天才，因为他是小说家，他从汪曾祺的只言片语里发现他是文学天才。

但是天才一直没有冲天而起，一生过得潦潦草草：三十岁、四十岁，乃至五十岁，都是默默无闻地虚度下去。很偶然，他的才情在《沙家浜》中很曲折、很费劲地表现了一点点，就那么一丁点，让人刮目相看。小说家林斤澜说："汪曾祺将会成为一个大作家。"他是从另一个戏剧层面理解了汪曾祺的艺术直觉，所有的艺术门类都是相通的，文学创作更是一切艺术的基础。有一次，邓友梅请汪曾祺看戏——《伐子都》。他没有想到，汪曾祺看戏极有水平，很多见解就是一般的专业人士也说不出来，看完后他说："好，不错，很有点儿希腊悲剧的韵味，子都人格分裂，被良心自责和内心恐惧折磨得发疯，白日见鬼，好，想象力丰富，编得有深度，演得有魅力，这种大写意的表演法是中国传统戏剧艺术的优势。”看裘盛戎的《姚期》，前半部对剧本的编排结构，对唱功更是赞不绝口。演到姚期父子绑上法场，他击节叫好说：“真是大手笔，好一出大悲剧。”但演到马五回朝搬兵，砸了金殿，逼着皇上赦免姚氏父子，并带姚刚到前线杀敌立功，他像气球泄了气，连连摇头。全场观众却与他完全相反，他们出口长气，露出欣喜的笑容。汪曾祺却说：“完了，完了，挺好一出大悲剧，叫这么个轻佻的结尾毁了。”

很多人都这样说，可是汪曾祺却没有写出什么有影响的作品，并且已经六十岁了，会有六十岁一举成名的作家吗？晚熟到这种程度，没有这样的先例吧？更何况汪曾祺的好东西全烂在他肚子里，他没拿出来，谁能预测到他的人生还会有一个“最后的绝唱”？是的，晚熟就是这样千载难逢，晚熟就是这样史无前例。

写小说

一九四九年，沈从文自杀过一次，然后“华丽转身”，开始搞文物研究，研究那些坛坛罐罐花花草草——有一次在中南海参加一个会，见到毛泽东。毛泽东听他絮絮叨叨地说了一阵，然后打断他的话说：“你还可写点小说嘛。”

毛泽东这样说，很多人都这样说，但是沈从文确实怕了，他坚决不写小说。那时候是一九四九年，北平城成了孤城，先是北京大学当局有关人士登门造访，劝说沈从文离开北平去台湾，并送来了直飞台湾的飞机票。与此同时，北京大学的中共地下党员乐黛云、李瑛也先后来到沈家，希望他不要去台湾，留下来迎接解放。沈从文从来不曾想过要去台湾，他多少有点忐忑地迎来的大军进入北平城，一件出乎意料的事情发生了，北京大学部分进步学生，发起了对沈从文的激烈批判。一幅幅大标语从教学楼上挂了下来，上面赫然触目地写着：“打倒新月派、现代评论派、第三条路线的沈从文！”报上对他的大批判也逐步升级：“清客文丐！地主阶级的弄臣！他一直作为反动派而活动着！”他无法应对，只有自杀——死里逃生后，他进入“革命大学”学习，然后就是无休无止的政治运动与思想改造。这时候他的人生再次面临人生的选择。

图71：汪曾祺和好友林斤澜在一起。

图72：北京小说三绝：林斤澜、汪曾祺、邓友梅。

这选择，与他二十岁时在湘西那次抉择有着许多不同，他明白，如果继续从事文学创作，自己已经定型的写作方式与已经自觉到的社会要求之间，必不可少地存在着冲突。虽然他在那份自我检查里，提到学习中对“政治高于一切”、“文学从属于政治”的重新认识，但要在创作中实际体现这一点，并非易事。即便有了朝这方向的明确努力，下意识的长期积习——自己所熟悉的题材范围、审美趣味、处理材料的方式乃至语言词汇，终难保不拖住手中的笔。他确实害怕，害怕手中这支笔再惹杀身之祸。他最终痛苦地决定：停笔，永不再写小说！

这其实也是汪曾祺的决定，一九四九后这个痴迷小说创作的作家再也提不起劲来写小说。一直到一九八零年，刘心武的《班主任》、卢新华的《伤痕》、张洁的《从森林里来的孩子》、王蒙的《春之声》相继发表，在社会上引起轰动。北京出版社及时跟进，决定出版一套北京作家创作丛书，邀请一批作家参与讨论和研究。林斤澜也去了，他在座谈会上说：“出北京作家选集，少不了汪曾祺一本。”在场的邓友梅也表示赞同，因为汪曾祺的风格确实太独特了。当时在场的很多人不知道汪曾祺，不知道他写过什么作品，但是座谈会上还是将汪曾祺的选题确定下来。邓友梅把这事当成好消息告诉了汪曾祺，汪曾祺却很不热情，他说：“谢谢他们的好意，可是，你知道的，你们都认为我能写，其实我写得真是少而又少。建国前写了几篇，建国后一直没写什么，字数太少。”邓友梅说：“现在的形势一片大好，你不是一直想写小说吗？现在正是写小说的好时候，沈从文先生不写，那是他年纪大了，写不动了。你六十岁，还可以写二十年，你不写，把才气带到棺材里，太可惜了，也是对不起读者的。”汪曾祺听着，默默无言。后来北京出版社的编辑也打来电话，汪曾祺把这番话又重复了一遍，责任编辑说：“不急的，我们这套丛书并非一次性出版，而是陆续推出。”汪曾祺放下电话摇摇头，自言自语：“都老了，不出也罢。”

林斤澜得知后，再一次赶到汪曾祺家劝说，汪曾祺说："出你的小说集是水到渠成，你有那么多作品。而我，就是一本《羊舍的夜晚》，三篇加在一起不到四万字，怎么出啊？"林斤澜动了感情，说："我和你说一件事，就一件事——前几年，有人发誓一辈子不写小说了，我从来不这样想。有一天我看到你名字出现在天安门城楼上，我太激动了，我想到你还能写小说，你也会帮助我出来写小说。人要有信念，有骨气，你我都不是做官之人，都不愿意、不想靠任何人。你要想靠，早做大官了。我们经历过那么多，我们手中的笔，任何时候不能放下啊？"

林斤澜走后，汪曾祺坐不住了，一股强烈的写小说的冲动在他内心鼓荡，他铺开纸、提起笔，过去了的岁月全汇集于笔尖。他略略运一运气，然后低头，在纸上沙沙沙地奋笔疾书，他开始写小说了，正是一篇篇写故乡高邮的短篇小说，掀开了他人生崭新的一页。

猪头肉

汪曾祺是个地地道道的猪头肉爱好者，他曾在文章中这样说："夏日的黄昏，就着猪头肉，喝二两酒，擒个马扎踅到一个荫凉树下纳凉，该是人生莫大的享受。"

不知道对猪头肉的爱好是不是来自老师沈从文的影响，沈从文天生喜欢猪头肉，他对吃肉一向不讲究的。那时候在博物馆，他的工作是给文物分类写标签。工作虽然只是成天在墙上写字，可是这于沈从文，却并非一种机械式的劳作。他比别人多了一层心机，他抄写着，同时也对每一件文物仔细观察与分析，其中的人物服饰、家具器皿、风俗习惯、花纹设色、笔调风格，全都被他充满兴趣地观察到。他是那样珍惜时间，在他的感觉里，时间就是生命，自己从事的是一项崭新的事业，一切都得从头学起，已经没有多少时间可供浪费了。他简化了自己的生活，中午从不回家，经常拿一块手绢包两个烧饼，烧饼间夹块猪头肉，就在馆里填饱肚子。不止一次，中午的下班铃响了，他仍然聚精会神地记录材料。因太过神情专注，他竟没有听见铃响，结果被管理员反锁在库房里。午后上班打开库房时，值班员才发现沈从文还在里面伏案疾书。管理员过意不去，走到面前向他道歉，沈从文反觉惊愕，竟不解管理员何以云然。当时家里请了个保姆石妈妈，负责带孩子，买菜做饭，她不止一次当着汪曾祺的面说："沈老师就爱猪头肉，所以，我天天给他买猪头肉，他吃得可香了。"汪曾祺听了却很不开心，他跟张兆和说："沈老师即便爱吃点猪头肉，你也别这么逢人就夸啊！爱猪头肉有什么好夸赞的？"张兆和说："你这话话里有话，什么意思？"汪曾祺说："我猜到石妈妈的意思，她实际上是在暗中鼓励沈老师，让他养成吃猪头肉的习惯，这样她省去了多少麻烦？每天中午也是猪头肉，晚上也是猪头肉，都是买现成的，她都不要做什么菜了。你看看沈老师，一年三百六十天，天天就是冷馒头夹猪头肉——"张兆和听了有点不以为然："他确实也是喜欢猪头肉。"

汪曾祺从猪头肉上虚构出石妈妈的心理，这也算是小说家之言——它可能比真实更虚假，也可能比真实更真实，他自己喜欢猪头肉则是千真万确。早年在西南联大，有一次和朋友朱德熙去莲花池，听到一个有关莲花池的传说，说是陈圆圆随吴三桂到云南，后出家，暮年穷愁潦倒投莲花池而死。看了水边的陈圆圆着比丘装的石像后，天色已晚，忽然又下起雨来。汪曾祺拉着朱德熙到莲花池边一家小饭馆坐下，叫了一碟猪头肉，半斤酒。雨落得大了，院子里到处是木香花，把小小庭院遮得严严实实。密密匝匝的绿叶，数不清的半开的白花和饱胀的花骨朵，都被雨水打湿。多少年过去了，汪曾祺一直没有忘掉这个雨天黄昏的情味，当然还有酒后的微醺和猪头肉的滋味。

他回去后还写了一首诗：

莲花池外少行人，
野店苔痕一寸深。
浊酒一杯天过午，
木香花湿雨沉沉。

意境很美的一首诗，当然也是那家小酒馆极美的木香花，木香花的香气和酒气，还与猪头肉的香气混合，才酿成诗的芬芳。只要有美酒和美食，汪曾祺总是轻而易举地就快乐起来，就轻飘起来——酒后的感觉就是轻飘。他是好美食的，不知写过多少谈美食的文字，有些篇目就直接用食物名，比如《黄油烙饼》，比如《荷兰奶牛肉》。即便发配到张家口那边的沙岭子，记忆最深的却是吃田鸡。再比如写才子赵树理，三下两下就拐到了赵树理的吃食："赵树理吃食很随便，随便看到路边的一个小饭摊，坐下来就吃。后来是胡乔木同志跟他说：'你这么乱吃，不安全，也不卫生。'他才有点选择。他爱喝酒。每天晚上要到霞公府间壁一条胡同的馄饨摊上，来二三两酒，一碟猪头，吃两个芝麻烧饼，喝一碗馄饨。"

又是猪头肉，绕来绕去绕不过那碟猪头肉，他们看起来是士大夫，很高雅，其实骨子里就是一个爱吃猪头肉的大俗人。

乡下人口味

汪曾祺说，沈先生“吃得很清淡，我没见他下过一次馆子。在昆明，我到文林街二十号他的宿舍去看他，到吃饭时总是到对面米线铺吃一碗一角三分钱的米线。有时加一个西红柿，打一个鸡蛋，超不过两角五分。”

沈从文很节省，胃口也好打发，这和早年做北漂的生活经历有关，那时候饿得靠喝图书馆免费供应的白开水打发一天，要不就到老乡那里蹭饭。他不会像汪曾祺那样，把一个难吃得要死的菜写得令人口水滴答。他写来写去就是乡巴佬的吃食，比如翠翠在屋后菜园里摘了些蒜苗，用淘米水泡着，做酸蒜苗，这味道想不出是好还是坏。三三就是看母亲做腌鱼，“鱼洗好后，揉了些盐，三三忙取麻线来把鱼穿好，挂到太阳下去晒，等待有客时，这些干鱼同辣子炒在一个碗里待客。”他笔下从来都是湘西人简单的饭食，“我告你，乡巴佬有些地方也很好受用的，若不是我娘说今天要为你炒鹌鹑吃，在这时节我们还可以拿猪肠到火上来烤吃呢。”“我已见到了叔远，正捧了不少粑同腊肉，我知道他是拿到这来，这孩子见了我就走了。我告了他今天早饭我们炒辣子鹌鹑，不准多吃别的零食东西，这孩子又骗我！栗子吃熟的还不要紧，不

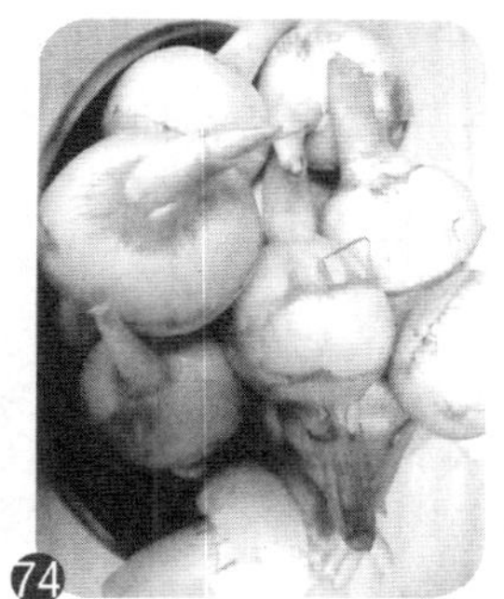

图73：汪曾祺心心念念的蒌蒿炒腊肉。

图74：茨菇，汪曾祺写过很多次的故乡植物。

过像我们老人吃多了就不成。你是不是这时饿了想吃粑？我可以帮你烧几个拿来。”粑、栗子、腊肉、炒鹌鹑，野人野食，有一种田园牧歌的味道，有一种身在乡土的野趣。

这种味道应该最合汪曾祺的口味，乡巴佬的口味。在别人那里，是“食不厌精”，在他那里，是食不厌野。京城没有田野，但是野菜还是可以找得到，特别是中南海围墙外，人迹罕至，一到春天，墙角下、砖缝里，野菜随处可见，汪曾祺提着小篮子带把小剪刀，见一棵剜一棵——那次被天安门守卫的战士当成“阶级敌人”，差点被小战士捆起来后，施松卿得知后将他一顿臭骂：“你是《沙家浜》的大编剧，还见过毛主席，还上过天安门，你在天安门城墙下闹出这样的大笑话，丢人不？”

他就是这样的人，为了一道菜，费再大的工夫也值得。当年在西南联大，不上课，躲在宿舍里看菜谱，看到一道宫中名菜以草果炖驴皮，当即认为此菜绝不好吃，不能吃。他还发明一道美食，记在文章中：“最近发明一种吃食，买油条三根，劈开，切成一寸多长的一段，于窟窿内塞入拌了切碎的榨菜及葱丝、肉末，入油锅炸焦，极有味。”据汪朗说，“老头写得比做得好，他的菜读起来极有味，真正吃起来，也就那么回事——不过，他做菜还是不错的，但是绝没有他笔下那么有滋有味。”

这大概是文人写美食的通病，汪曾祺也不能例外，像他笔下这样的文字，你是可以把它当做散文来读：“春初水暖，沙洲上冒出很多紫红色的芦芽和灰绿色的蒌蒿，很快就是一片翠绿——”“蒌蒿是生于水边的野草，粗如笔管，有节，生狭长的小叶，初生二寸来高，叫做蒌蒿薹子，加肉炒食极清香——”我们读着，眼前便浮现起水墨江南：初春，只要落几场雨，烟雨中，江南河滩上池塘边，一地蒌蒿青青。蒌蒿长于临水之地，在其他草木刚刚绽出新芽时，它起了一片绿，远远地看就像一片烟，浮着，水带不走，风吹不散。这时候，牧童便去河滩上采摘，雨稀疏地落，小小脑袋上扣着竹笠，一如硕大的蘑菇，老水牛沿河岸咀嚼，一只雪白的鹭鸶独自立在水中央，像哲人般思考。这样的审美是艺术化的，比起口腹之欲，不知道要美好多少倍。当然，蒌蒿也是不难吃的，汪曾祺说："蒌蒿有一股清香，采摘过后放过一晚，便老如细棍。"他写过的臭豆腐干子拌蒌蒿，淋上麻油。或者，腊肉干丝炒蒌蒿，那可是最正宗的江南味道。你设想一下，坐在江南临水楼窗前，点一碟蒌蒿端一碗黄酒，江南细雨千丝万缕，江南杨柳柔情缠绵，一两朵油纸伞，三两声黄梅调——酒还没饮人就微醉，此时的唯一念想便是荡一叶扁舟在桃花夹岸的河流上，淡泊归隐——像沈从文，当然也像汪曾祺。

吃　货

汪曾祺是个典型的吃货，当年在江阴，同学请吃河豚，因为害怕，他错失一顿绝美之味。一直到晚年，想起这件事仍然后悔，说："禁书有《金瓶梅》，禁鱼有河豚，餐桌上的河豚是洁本的《金瓶梅》。"放着《金瓶梅》不看，凡男人总会后悔。

沈从文不大会吃，也不大会写吃，他在《从文自传》里说他很会炖狗肉，可是汪曾祺在昆明、在北京都没见他炖过一次，怀疑是吹牛。有一次，沈从文到他的助手王亚蓉家去，先来看看汪曾祺，汪曾祺当时住在王亚蓉家马路对面。汪曾祺对他说："过一会儿来吃饭。"沈从文来时带来一卷画，是古代马戏图的摹本，实在很精彩。他非常得意，问汪朝："精彩吧？"那天汪曾祺亲自下厨，给他做了一只烧羊腿，一条鱼。沈从文吃得眉飞色舞眉开眼笑，回家一再向张兆和称道："那条烧羊腿呀，真好吃。"张兆和很会做菜，会做八宝糯米鸭，炖在一个大砂锅里，汪曾祺吃过一次，蛮甜，也蛮好吃，只能就吃一次，如果连吃两天，会起腻。她不常做，因为做起来实在太麻烦。他们一般到前门月盛斋买一包烧羊肉回来，就算加了菜了。平常吃的，不外就是炒四川的菜头，炒茨菇。但是汪曾祺还是在沈从文小说里看到很特别的美食：白

图75：美食家汪曾祺。

图76：汪曾祺的全家福，汪最后一次归乡。

绵蒸肉——“你不知白绵那东西，狡极了，爬上树以后，见到狗在树根就死捱不下树。这时节，总又有好多机会得到这东西了。我要廖七到村里去问，若有人打得就匀一腿来，我为你同叔远作白绵蒸肉，喜欢用小米拌和也好，这算顶好味道的一种菜，一茂这小子就常嚷要，不是落雪也得不到。如果是今天晚饭有白绵蒸肉吃，我想过午我又得少吃一点东西，好在饭量上赎我所有的罪了。”

汪曾祺不知道这“白绵”是什么东西，他是典型的吃货，看见什么新奇的吃食都想尝尝。他问沈从文，沈从文不说，只是笑：“北京是吃不到白绵蒸肉，说了也是白说。”汪曾祺吞了口水，只好张开想象的翅膀，想象“白绵蒸肉”是他的家乡米粉蒸肉一样的美食。在他的记忆里，最美好的食物必定来自高邮：“小时读《板桥家书》：天寒冰冻时暮，穷亲戚朋友到门，先泡一大碗炒米送手中，佐以酱姜一小碟，最是暖老温贫之具——”在食物里得到暖老温贫的审美，这只有汪曾祺这样的老文人才会有，也只有汪曾祺这样的老吃货才会有。初入北平时，他没有工作，在北大红楼寄居了很长时间，除四处找工作，整日无所事事，吃饭全靠施松卿，相当于现在的吃软饭。但是即便在那个时候，他只要嘴馋起来，和施松卿几乎天天晚上去东安市场吃饭。吃森隆、五芳斋的时候少，常吃的是苏造肉——猪下水加砂仁、豆寇等药料共煮一锅，吃客可以自选一两样，由大师傅夹出，剁块。还吃爆肚和白汤杂碎。施松卿爱吃甜食，有时两人到一家西餐馆要上两碗奶油栗子粉。北大红楼离东安市场没几步路，施松卿有时摆谱，坐三轮车去。北京人一般只说：“三轮儿，市场。”车夫就明白了。施松卿却来一句：“三轮儿，东安。”弄得车夫直发愣。当然好日子也就维持了一个月，月工资花光了，他们继续过苦日子。因为吃得太好，又因为热恋的女朋友就在身旁，所以汪曾祺一直记得那一段时光，一边没工作愁眉苦脸，一边花女朋友的钱，大嘴吃四方，真是一段痛并快乐的日子。一个馋嘴的吃货，也就是这样伴着口水与唾沫成长起来，被后人称为美食家。

鸭蛋第二我第三

一次讲座结束后，汪曾祺被追捧者包围，其中一位作家对他说："高邮古有秦少游，今有汪曾祺，秦少游第一，您第二。"汪曾祺听到，慢悠悠地说："高邮鸭蛋是第二，我第三。"汪曾祺把自己排在鸭蛋之后，并非意味着自己连鸭蛋都不如，大概因为高邮的鸭蛋、特别是双黄咸鸭蛋太有名了，他自封"鸭蛋第二我第三"，有幽默，更有狂傲。

汪曾祺身上一向有一种来自于诗人的狂热，这可能源自于酒精威力，长期离不开酒液的人，血液里有一种酒鬼的狂热。汪曾祺就是一个酒鬼，只要有酒，他就有点疯，有点狂。在西南联大，他是最浪荡的学生，成天不怎么上课，想上就上，想走就走，到处东游西荡，或者泡在图书馆看一些闲书。你在沈从文身上就看不到这种狂放劲与懒散样。他有点内敛有点自卑，和教授们聚会都静悄悄地安坐在一角。解放后丁玲这样说过他："他是那么胆小怕事的一个人——"他确实有点胆小怕事，一个内向的人，一个胆怯的人，一个身不由己被滚滚洪流裹挟着往前冲的人，他忍耐了太久，孤独了太久，除了追求爱情，他这辈子从来没有做过半点出格之事。他就是一个讲究"格"的人，"格"就是品

图77：高邮最出名的特产：双黄咸鸭蛋。

图78：汪曾祺和施松卿晚年泛舟故乡高邮湖上。

格、格调，也就是规矩、规则，一种模式与框子，他一生就是规规矩矩地生活在这种模式与规则里，从不越雷池半步。

汪曾祺受不了，他很随意、狂放——儿子汪朗谈的对象，是在党校当老师。儿子去约会汪曾祺就嘲笑他是去“上党课”，他卷起衣袖准备下厨做饭，问汪朗：“你几点去党校上党课？”儿子哭笑不得：“你管得着吗？”

在汪家，没什么人把汪曾祺当成大作家，大家都“欺负”他，包括后来的孙子辈和小保姆。添了孙女后，几个小丫头在家玩过家家，玩厌了，拿出红头绳招呼：“老头，过来。”汪曾祺正在写东西，不满地说：“干吗呀？”小丫们说：“要你过来你就过来，听到没有？过来。”汪曾祺坐着不动，小丫头们一拥而上，在他头上梳了五六个花辫子，扎着红红绿绿的彩带。汪曾祺站起来，顶着一脑袋小花辫子，还装作媒婆扭捏作态：“干什么呀？”小丫们笑倒了一片。

那时候广播电台经常播送配乐散文，有一次正在播放杨朔的《荔枝蜜》，大家都在听，汪曾祺突然出来说：“关掉，不要听了，不要听了，中国的散文一坏在杨朔手里，二坏在刘白羽手里。”他自我陶醉，说：“齐白石自称诗第一，字第二，画第三。有人说我汪曾祺的散文比小说好，虽非定论，却有道理：记人事，写风景，谈文化，述掌故，草木虫鱼、瓜果食物有情致，间作小考证，亦可喜。文求雅洁，少雕饰，如行云流水，秋末晚菘，滋味近似。”他滔滔不绝自吹自擂，得意洋洋。施松卿看到老头如此轻狂，瞪了他一眼，汪曾祺马上噤了口。孩子们嘲笑说：“老密发威，老头禁言。”孩子们的话都有出处的，原来汪曾祺成名后，信件、汇款大量增多，七十多岁的施松卿负责跑邮局，被孩子称为“老密”。汪曾祺一听“老密”，又轻狂起来：“这个老密也太老了，我不要，不如小蜜，甜蜜的蜜。”

他是他的影子

很多年前，我在一片长满荞麦花的田园里阅读屠格涅夫和废名，后来再读沈从文和汪曾祺，我读入了迷。它们的文字像我近旁这些荞麦花，我至今仍记得那片像晨雾一样的荞麦花，像月光一样的荞麦花。

我是来自乡村的人，我和沈从文一样是乡下人，我的家在几株枫杨树下，房前屋后有竹林和池塘。沿着一道爬满金银花的院墙，可以走到一扇小小的耳门。把木头门栓打开，耳门外就是一湾青草池塘，艾草和菖蒲都长出了青青的叶子，你一下子就闻到青草和泥土的气息，是艾草和菖蒲那股好闻的清凉的气息。我常常会采几叶艾草，或去池塘另一边的菜畦上割韭菜。这时候青蛙啼鸣如雨，韭菜带着白花。田野上，紫云英长得像绒毯子一样，细花缤纷，遮住了去年秋天留下的稻茬。而油菜花也开得像一场大洪水，淹没了三三两两村庄。风拂过人的脸颊，柔软得像丝绸，从田野上过来，衣袖裤子上总要沾上金黄色的花瓣。

我不厌其烦地描写乡土风景，自然是受着沈从文或汪曾祺的感召，美的感召。他们，分明就是两个侦探，美的侦探，一双火眼金睛，专门是用来发现美的——他的发现总是独特的、独具的，在司空见惯的风景里，发现最独特的韵味。汪曾祺说：“他不讨厌菊花，但是讨厌菊展。

图79：废名，本名冯文炳，沈从文与汪曾祺都激赏的作家。

图80：汪曾祺和施松卿的墓碑。

菊花还是一棵一棵地看，一朵一朵地看。”他说沈从文的《边城》是“一把花”，真好，太妙了。多少人会随口夸赞说是一朵花，可是汪曾祺知道，沈老师写的是一把花——美在这里是很多的，不一样的，美和美在一起，如同花与花在一起。所以，许多美就是许多花，所以就是一把花。他还记得祖母有个小黄蜂的琥珀扇坠，很好看。晚年在宾馆，看到人工琥珀，各路昆虫齐备，甚至还有完整的蜻蜓，在一个薄薄的琥珀片里，这当然是弄死以后端端正正地压在里面的。他觉得还是祖母那个扇坠好看，因为是天然形成的，“美，多少要包含一点偶然。”在白马庙教中学的时候，看见一个挑粪的，“粪桶是新的，近桶口处画了一圈串枝莲，墨线勾成，笔如铁线，匀匀净净。粪桶上描花，真是少见。”他甚至在剧本中写过这样的唱词：“谁能遮得住星光云影，谁能从日历上勾掉了谷雨、清明？”这分明就是诗——是的，美其实就是诗。

他们慢慢地就成了这样一群人：把生活当成美，把美当成诗——不论古今，无论中外，对美的理解与追求都一脉相承的，相同相通的，美把肤色各异、语言各异的人们统统送入天堂——比如阿索林、古勃；比如屠格涅夫、梭罗；比如废名、孙犁；比如叶蔚林、何立伟——周作人说：“阿索林美而且特别。”周作人说得太好了，“美而且特别”就是他们这一支文脉、这一路风格的价值，一定要特别，特别就是他们与众不同的地方，就是我们记住他们的理由。作家到处都有，作品浩如烟海，读者凭什么要记住你、喜爱你？你一定要给他们一个理由，让他们记住这一个与众不同的“你”。汪曾祺在一九九六年曾经说过：“我们要理解废名，起码还要再等上二十年。”他很喜欢废名的短篇小说《桥》里的那句：“万寿宫叮叮响。”就这么平常的一句让他“爱不释手”，认为是绝句。我读过《桥》，我也认为果然好，慢慢的，废名的文字在我记忆里一片叮叮地响着，像那个容孩子们在里面读书嬉戏的万寿宫。废名是天才，一九九六年到今天快二十年了，我们也慢慢理解了废名，理解了他前面的阿索林、古勃、屠格涅夫、梭罗，理解了他后面的沈从文、汪曾祺、叶蔚林、何立伟——

文学像一条滔滔向东的河流，又像一根维系生命的动脉，它们都有许多毛细血管样的支流——河的支流可能没有主流气势磅礴，但是你沿着它的堤岸漫步，杨花点点，草色遥看，也是非常赏心悦目的好风景，美从来都是多种多样的，多姿多彩的。汪曾祺给何立伟小说集《小城无故事》写序，用的标题是“从哀愁到沉郁”。何立伟是湖南人，是沈从文的老乡，他小说中全是湘地方言，他的代表作《白色鸟》轻柔唯美，富于画面感，与沈从文的《长河》以及汪曾祺的《受戒》非常神似，完全是一脉相承。何立伟说：“我研究过沈从文与汪曾祺这一对师生作家，我从骨子里喜欢他们的人格和文格。我相信我是受过他们影响的，那就是，深深关注人性中的美，以及美得令人心痛的毁灭。”

他是他们的影子，他是屠格涅夫，或者废名；他们是沈从文、汪曾祺或何立伟——文风就这样互相浸润，人格自然也这样互相影响。在汪曾祺面前，他只能是他的影子，他是沈从文，他是汪曾祺，这一老一小两个师生作家一生相依着，在中国文坛缓缓走过，如同走过苍茫雪地，留下一行深深、深深的脚印。

附录1：沈从文年谱

1902年，沈从文，原名沈岳焕，曾用名休芸芸、甲辰、上官碧等，12月28日出生于湖南省凤凰县。

1908年，六岁，入私塾。

1915年，十三岁，转入新式凤凰第二小学，半年后再转入凤凰文昌阁小学。

1917年，十五岁，高小毕业后辍学当兵，参加了隶属于湘西靖国联军第二军的一支本地部队。直到1920年末，部队在湖北来凤遭神兵突袭全军覆没，他从留守处被遣散回家。

1921年，十九岁，年初，从凤凰去芷江投亲，在县警察所和国防局任办事员和税收员。后因恋爱被骗，短少了一千多块，因感无颜见母，选择悄然出走。

1922年，二十岁，二月，去保靖谋职，在湘西巡防军统领部任司书。

1923年，二十一岁，上半年，因陈渠珍推行湘西乡自治，被派到印刷厂去校对各种文件。八月，在“五四”余波影响下，从湘西去了北京。

1924年，二十二岁，一边去北大旁听，一边学习写作。十二月二十二日，《晨报副刊》首次刊出他的散文《一封未曾付邮的信》。

1925年，二十三岁，结识了编辑胡崇轩（即胡也频）及其女友丁玲。八月，就任香山慈幼院图书管理员。经林宰平介绍，参加新月社诵诗会，从而认识徐志摩、闻一多等人。这一年，是他开始显露创作才华的一年，有六十多篇作品发表，包括小说、散文、诗歌、戏剧等多种体裁。

1926年，二十四岁，辞去香山慈幼院职务，重新住进北大附近的公寓，与胡也频夫妇一起从事文学活动。十一月，第一个作品集《鸭子》由北新书店出版。

1927年，二十五岁，九月，第一个小说专集《蜜柑》由新月书店出版，鉴于上海出版业的发展以及在北京的《现代评论》和北新书站相继南迁，他也从北京移住上海。

1928年，二十六岁，夏，胡也频夫妇移居上海，三人商量，决定自办红黑出版社和创办《红黑》月刊；

这一年，是他在创作上丰收的一年，除不断有作品在报刊发表外，还出版有《阿丽思中国游记》（两卷集）、《入伍后》、《雨后及其他》等十多个集子和单行本。

1929年，二十七岁，八月，《红与黑》停刊，由胡适延聘到中国公学任讲师。在这里，他认识了张兆和女士，后来结为伉俪。这一年，他出版作品集五部。已累计出版集二十多部。

1930年，二十八岁，秋，经胡适介绍，转到陈源任文学院长的武汉大学任教，出版作品集《呆官日记》、《十四夜间》、《神巫之爱》、《龙朱》和《男子须知》等五种。

1931年， 二十九岁，元月初、因武汉大学放寒假，回上海访友。十七日，胡也频被捕，他全力投入营救。后胡遇害，又帮助丁玲隐蔽，并陪同护送遗孤去湖南寄养。前后历时三月，因而失去武大教职，只好暂留上海写作。八月，经徐志摩推荐，去青岛大学任教。十一月二十一日，惊闻徐志摩在济南遭遇灾难，连夜赶去向遗体告别。

1932年，三十岁，暑假，写成《从文自传》。张兆和已从中国公学毕业，乃去其家求婚，得应允。

1933年，三十一岁，五月十四日，丁玲被国民党绑架，闻讯后连写《丁玲女士被捕》和《丁玲女士失踪》两文在平津报刊公开表示抗议。六月，开始撰写长篇传记《记丁玲女士》，后改名《记丁玲》出版单行本。暑假中随校长杨振声辞去青岛大学职务，转到北平从事编纂中小学教科书工作。九月九日，与张兆和结婚。

1934年，三十二岁，一月上旬，回乡探视母病。历时月余，就沿途见闻给夫人写信数十封，后返京整理成《湘行散记》多篇，陆续在报刊发表。

1935年，三十三岁，九月一日《大公报·文艺副刊》扩版，改称《文艺》，推荐萧乾接编，自己专编星期天版。

1936年，三十四岁，年初，因事路过南京，到丁玲被软禁处看望。

1937年，三十五岁，元旦，在《大公报·文艺》发表评曹禺《日出》的文章：《伟大的收获》。元月，谈写作的文章和书信集《废邮存底》（与萧乾合集）由文化生活社出版。八月，与朱光潜、杨振声等离开北平，辗转到达武汉。听传闻，延安方面对他与巴金、曹禺等十位作家表示欢迎，遂于十二月与曹禺等同赴长沙八路军办事处访问徐特立。徐告知：如能去，当然欢迎；如不能去，亦可留在大后方做团结工作。于是他转往沅陵，住在“芸庐”家中。

1938年，三十六岁，春，为消除外地难民对湘西的误解，着手撰写方志式长卷散文《湘西》。后连载于香港《大公报·文艺》上。三月，缺席当选为全国文艺界抗敌协会理事。四月，由沅陵转赴昆明，与杨振声等继续编国文教科书。但仍时有文章在香港等地发表，并着手创作长篇小说《长河》。十月，夫人携家逃出北平，经香港、越南到达昆明团聚。

1939年，三十七岁，六月，受聘为西南联合大学师范学院副教授。

1940年，三十八岁，四月，由西南联大几个教授主编的《战国策》创刊，他常有文章发表，遂被视为“战国策派”。

1941年，三十九岁，这一年，主要精力用于修订历年旧作，准备在桂林开明书店出版系列“沈从文著作集”。

1942年，四十岁，五月至十月，长篇小说《长河》的《秋收和社戏》等部分篇章相继在《自由中国》等杂志刊出。

1943年，四十一岁，四至十二月，在桂林开明书店陆续推出改订后的小说集《春灯集》、《黑凤集》、《啊金》、《黑夜》、《月下小景》、《春》、《边城》、《懈巫之爱》，评论集《废邮存底》，散文集《湘行散记》、《从文自传》等，连同以后陆续推出的《湘西》和《帐河》两改订本，共十三种，统称“沈从文著作集”。

1944年，四十二岁，五月上旬，出席西南联大学生举办的“五四”二十五周年晚会，与朱自清、闻一多、杨振声等作总题为“‘五四’运动与新文艺运动”的讲演，听众达三千人。

1945年，四十三岁，年初，应邀主编昆明《观察报》副刊《新希望》，日常编务交云南大学程应谬负责。

1946年，四十四岁，五月，西南联大开始战后复员，他被北大续聘为教授。七月，携家飞上海，送家小去苏州暂住。八月，赴北平就任北大教职。

1947年，四十五岁，春，夫人携家自苏州来北平定居。

1948年，四十六岁，三月，在香港出版的《大众文艺丛刊》（第一辑）上受到左翼作家猛烈批判，除被《略评沈从文的（熊公馆）》说成是“地主阶级的弄臣”等之外，还在《斥反动文艺》一文中被斥“一直是有意识的作为反动派而活动着”的作家。十二月，平津战役开始，他拒绝了随国民党南逃的引诱，决定留在北平。

1949年，四十七岁，元月，北大校园出现转抄《斥反动文艺》的大字报和“打倒新月派、现代评论派、第三条路线的沈从文”的大标语，使他感到极大惶恐。一月三十一日，北平和平解放，他一方面盛赞“解放军进城威严而和气”，另一方面却又处在对新政权不理解的幻觉之中。以后发展到神经极度紊乱而自杀，幸及时发觉得救。秋，病情好转，转到历史博物馆工作。

1950年，四十八岁，二至十二月，参加中央革命大学研究班学习，对新中国成立前的政治思想和文学道路进行了反思和总结。后据此写成《我的学习》一文发表在沪、港两地《大公报》上。

1951年，四十九岁，十一月，赴四川合江参加土改三个月。

1952年，五十岁，春，“三反”、“五反”运动中，抽调到北京市参加对古董店文物的清查工作。这年，香港影业公司将他的《边城》改编成电影《翠翠》，他看后说演翠翠的太时髦了，演老船夫的也没演出湘西农民的纯朴味道来。

1953年，五十一岁，九月，以工艺美术界代表身份参加第二次全国文代会。与部分代表受到毛泽东、周恩来等国家领导人的接见。下半年被中央美术学院聘为中国染织美术史研究生课程的兼职教师。

1954年，五十二岁，人民美术出版社出版由他为历史博物馆主编的《长沙出土古代漆器图案选集》；日本出版《现代中国文学全集·沈从文卷》。

1955年，五十三岁，与人合编文物图案集《明锦》由人民美术出版社出版。

1956年，五十四岁，一月至二月间，出席全国政协二届二次会议，当选为委员。十一月，参加全国政协组织的视察团赴湖南，并到湘西。返京后，撰写《新湘行记》送《旅行家》杂志发表。受聘为故宫博物馆织绣研究组的兼职顾问。

1957年，五十五岁，三月，出席全国政协二届三次会议，并就博物馆工作和少数民族文化工作发言。

1958年，五十六岁，十一月，文物专著《唐宋铜镜》由古典艺术出版社出版。

1959年，五十七岁，香港影印出版原开明书店《边城》改订本，又选编出版短篇小说集《萧萧》。

1960年，五十八岁，春，参加高等艺术院校教材编写工作，担任工艺美术史、陶瓷史等书顾问。七月，出席全国第三次文代会，改以作家身份参加。

1961年，五十九岁，冬，随作家协会参观团到井冈山访问，并经庐山。

1962年，六十岁，十二月，文物专著《战国漆器》由荣宝斋出版。

1964年，六十二岁，夏初，经齐燕铭向周恩来总理推荐，接受编纂《中国历代服饰研究》任务。

1966年，六十四岁，“文革”爆发，被打成“反动学术权威”遭批斗。

1967年，六十五岁，八月，台北《纯文学》月刊冲破台湾当局禁令，在出版的“近代中国作家与作品”专辑中，首次刊出《边城》，以后台湾又有《边城》、《从文自传》两书影印出版。

1968年，六十六岁，澳大利亚悉尼大学研究生A·J·普林斯率先写出博士论文《沈从文的生活与创作》。

1969年，六十七岁，与夫人相继下放到文化部湖北咸宁“五七干校”。

1970岁，六十八岁，在干校一边参加劳动（看菜园），一边就记忆所及继续为《中国古代服饰研究》增补内容。

1971岁，六十九岁，与夫人转迁鄂西丹江采石场。

1972年，七十岁，因高血压被批准回京就医。随后，夫人也退休回到北京。这年，美国出版华裔作家聂华苓著《沈从文评传》一书。

1978年，七十六岁，受胡乔木关怀，调社会科学院任研究员，并给配备助手，成立专门机构进行《中国古代服饰研究》书稿的校订、增补工作。

1979年，七十七岁，十至十一月，出席全国第四次文代会。

1980年，七十八岁，三月，丁玲在《诗刊》载文批评《记丁玲》一书的内容及作者。随后，在文坛引起一场关于两人恩怨桑沧的争论。五月，《花城》杂志出版“沈从文专辑”。六月，美国汉学家金介甫为撰写传记《沈从文史诗》来访。后于1987年成书，1990年被译成中文本在中国出版，一名《沈从文传》。十月，应邀赴美讲学，横穿美国东西部并至檀香山，共在十五所大学讲学二十三次。

1981年，七十九岁，九月，《中国古代服饰研究》在香港精印出版，胡乔木致函祝贺。后来我国国家领导人出访，还以此书作为赠送外国元首的礼物。十一至十二月，湖南人民出版社相继出版以湘西为题材的《沈从文散文选》和《沈从文小说选》，江西人民出版社和人民文学出版社分别再版《边城》和《从文自传》修订本，从而掀起重新出版沈从文作品的热潮。

1982年，八十岁，一月，花城出版社与香港三联书店分店开始推出国内版和海外版两种版本的《沈从文文集》（十二卷本），两年后出齐。五月，偕夫人回湘西访问，在吉首大学发表讲演，在凤凰追寻幼时足迹。回京后，将《沈从文文集》版税悉数捐赠给幼时就读的文昌阁小学。六月，在全国文联四届二次会议上当选为委员。九至十月间，参加王震率领的访日代表团赴东京，参加中日邦交正常化十周年活动，并出席第一次中日民间人士会议。这年，金介甫联合在美华人学者和德国汉学家推荐他为诺贝尔文学奖候选人。

1983年，八十一岁，四月，患脑血栓，左身瘫痪。六月，在全国政协六届一次会议上缺席当选为常务委员。这年，在日本举行的国际服装研究学术会议上，缺席当选为国际服装学会理事；在瑞典皇家学院，被瑞典汉学家马悦然提名为诺贝尔文学奖候选人。

1984年，八十二岁，春，电视连续剧《红楼梦》开拍，被聘为顾问。这年，联邦德国出版德文译本《边城》。

1985年，八十三岁，一月，在全国作协第四次大会上当选为顾问。六月，中共中央组织部发文，规定按部长级待遇解决其工资、住房等问题。

1986年，八十四岁，五月，根据《萧萧》和《巧秀与冬生》改编的电影《湘女萧萧》由北京青年电影制片厂拍摄完成，后在法国和西班牙的电影节上分获“金熊猫”奖和“唐吉诃德奖”。

1987年，八十五岁，五月，台湾《联合文学》杂志出版“沈从文专号”。十一月，吉首大学举办有国内部分高校学者参加的沈从文研究学术讨论会。

1988年，八十六岁，五月十日，心脏病发，于下午五时三十分逝世。李先念、李铁映、王任重等党和国家领导人和有关方面负责人以不同方式表示哀悼。巴金、马悦然等国内外友人也纷纷来电或撰文表示悼念。《人民日报》以《眷念乡土多名作·饮誉中外仍寂寞——杰出作家沈从文告别亲友读者》为题发表报道。五月十八日，遗体在八宝山火化。根据他的遗愿，四年后夫人及其亲属将骨灰送回凤凰，一部分撒入沱江，一部分落葬于临水的听涛山麓。这年，由瑞典汉学家、诺贝尔文学奖评审委员马悦然选译的《边城》和小说集《静与动》，由瑞中友协主席倪尔思等选译的小说与散文合集《孤独与水》，在瑞典相继出版。倪尔思说："如果他还在世，肯定是1988年诺贝尔文学奖的强有力的候选人！"

附录2：汪曾祺年谱

1920年，一岁，3月5日（夏历正月十五日，元宵节）傍晚，汪曾祺出生于江苏高邮城镇的一个旧式地主家庭。祖父汪嘉勋是清朝末科的“拔贡”，父亲汪菊生。

二伯父早亡，无子，应立嗣长房次子汪曾炜。但因二伯母喜欢汪曾祺，经协商，两人都过继给二妈，一个是“派继”，一个是“爱继”。

1923年，三岁，生母杨氏病故。

1925年，五岁，入高邮县立第五小学幼稚园学习。

1926年，六岁，秋，入县立第五小学读书。从三年级起，汪曾祺的算术就不好，一学期下来勉强及格，语文却总是考全班第一。

1927年，七岁，二伯母去世。

1931年，十一岁，8月26日，高邮发生特大水灾。高邮湖湖西圩破，里运河堤高邮段缺口十多处，仅挡军楼一处就死亡、失踪一万多人。

1932年，十二岁，暑假，小学毕业，考入高邮县初级中学读书。

1935年，十五岁，暑假，初中毕业。秋，考入江阴县（今江苏省江阴市）南菁中学读高中。

1936年，十六岁，继母张氏因肺病去世。

1937年，十七岁，日本人占领了江南，江北危急。正读高中二年级的汪曾祺不得不告别南菁中学，并辗转借读于淮安中学、私立扬州中学以及盐城临时中学，这些学校的教学秩序都因战争而打乱。汪曾祺就这样勉强读完中学。后战事日紧，汪曾祺随祖父、父亲到离高邮城稍远的一个村庄的荸荠庵里避战火半年，他在小说《受戒》里描写过这个小庵。在这个小小庵堂里，汪曾祺只带了两本书：屠格涅夫的《猎人笔记》和《沈从文小说选》。他翻来覆去地看这两本书，燃起他对文学更浓厚的兴趣。他自己认为："说得夸张一点，可以说这两本书定了我的终身。"7月，父亲汪菊生第三次结婚，所娶任氏为汪曾祺的第二位继母。

8月20日，祖父汪嘉勋去世，终年72岁。

1939年，十九岁，夏，由上海经香港、越南到昆明，以第一志愿考入西南联大中国文学系。他所以不远千里奔赴昆明，就是冲着西南联大中文系有朱自清、闻一多、沈从文等著名学者。

1940年，二十岁，正式拜见了景仰已久的沈从文先生，写出了平生第一篇小说《灯下》，记一个店铺上灯后各式人物的活动。这篇习作在沈先生指导下几经修改，便成了后来的《异秉》。

1941年，二十一岁，与同学创办校内的《文聚》杂志。

1943年，二十三岁，因体育不及格，英语成绩也不好，补学一年。

1944年，二十四岁，补考过关，但当局要求这一年的大学毕业生必须作美军翻译官，为陈纳德的飞虎队当一段时间的翻译，随军去缅甸作战。汪曾祺因故没去，依然没有获得毕业证书。为生活计，在昆明北郊观音寺的一个由联大同学办起的"中国建设中学"里当教师。

1945年，二十五岁，八月，中学由观音寺迁往白马庙，在此与同为教师的施松卿相识，建立了恋爱关系。

1946年，二十六岁，秋，由昆明到上海，经李健吾先生介绍，到民办致远中学做了教师。期间创作了《鸡鸭名家》、《戴车匠》等小说。

1948年，二十八岁，离开上海到北平与北京大学外语系助教的施松卿会合。临时借住在北京大学，失业半年后，在北平历史博物馆找到工作。

1949年，二十九岁，1月31日，人民解放军进入北平，北平宣告和平解放。三月、五月随军南下，在武汉被留下来参与接管文教单位，后被派到第二女子中学当副教导主任。四月，第一本小说集《邂逅集》作为巴金主编的文学丛刊中的一种在文化生活出版社出版。与施松卿结婚。十月一日，中华人民共和国成立。

1950年，三十岁，从武汉回到北京，任北京市文联主办的《北京文艺》编辑。秋，调离北京市文联，到中国民间文艺研究会任《民间文学》编辑。

1956年，三十六岁，创作的剧本《范进中举》获得北京市戏剧调演京剧一等奖。

1957年，三十七岁，因在黑板报上向单位领导提意见受到批评。

1958年，三十八岁，被补划为右派，下放张家口沙岭子农业科学研究所劳动。

1959年，三十九岁，三月，父亲汪菊生去世，终年六十二岁。

1960年，四十岁，摘掉右派帽子，结束劳动。但北京一时无接收单位，暂留农科所协助工作。

1961年，四十一岁，春，到农科所设在沽源的马铃薯研究站画一套马铃薯图谱，创作出著名小说《羊舍一夕》，经《人民文学》编辑部派人调查后，《羊舍一夕》得以在该刊发表。年底，调北京京剧团任编剧。

1963年，四十三岁，《羊舍一夕》改名为《羊舍的夜晚》正式出版，这是汪曾祺第二部作品集。

1964年，四十四岁，根据沪剧《芦荡火种》执笔改编的同名京剧，由北京京剧团演出，受到高度评价，刘少奇、周恩来、朱德、邓小平、董必武等领导人观看后，登台接见了全体演职人员。

1968年，四十八岁，京剧《芦荡火种》中的精彩唱词得到毛泽东的高度评价，京剧《芦荡火种》被列为样榜戏，毛泽东对京剧《芦荡火种》的修改加工先后发表过许多指示，其中一条即是把剧名改为《沙家浜》。毛泽东不无幽默地说："芦荡里都是水，革命火种怎么能燎原呢？再说，那时抗日革命形势已经不是火种，而是火焰了嘛。""故事发生在沙家浜，中国有许多戏用地名为戏名，这出戏就叫《沙家浜》吧。"

1970年，五十岁，京剧剧本《沙家浜》全文发表于1970年第六期《红旗》杂志。

5月21日，首都百万军民在天安门广场集会，拥护毛主席五月二十日发表的《全世界人民团结起来，打败美国侵略者及其一切走狗》的声明。汪曾祺因参与京剧《沙家浜》的修改加工有贡献，被邀请登上天安门城楼，名字也上了《人民日报》。

1977年，五十七岁，因"四人帮"的牵连受到审察。

1979年，五十九岁，小说《骑兵列传》在《人民文学》发表。

1980年，六十岁，小说《受戒》在《北京文学》十月号发表，立即引起文艺界高度重视，《文艺报》、《北京文学》等纷纷发表评论。

1981年，六十一岁，一月，《异秉》在《雨花》发表。四月，《大淖记事》在《北京文学》发表，并于同年六月被《小说月报》以及此后的《新华月刊》杂志转载。该作品荣获"1981年度全国优秀短篇小说奖"和1981年度"《北京文学》奖"，这一年应高邮县人民政府邀请，他回到阔别多年的故乡访问。这是他自1939年离开高邮后的第一次回乡，受到地方政府和家乡人民的热情欢迎与接待，这给汪曾祺以安慰与鼓舞。从此，他以家乡高邮为背景的小说、散文写作愈加一发而不可收，成为中国文学百花园里的一朵奇葩。

1982年，六十二岁，小说《王四海的黄昏》、《故里杂记》、《皮凤三楦房子》、《鉴赏家》、《晚饭花》、《八千岁》、《故里三陈》等纷纷发表，《汪曾祺短篇小说选》由北京出版社出版。

1984年，六十四岁，这一年发表的作品不足十篇，数量不多，但小说《金冬心》、《日规》及散文《沈从文的寂寞》仍引起读者、评论界的注意。散文《老舍先生》获1984年度"《北京文学》奖"。

1985年，六十五岁，在中国作家协会第四届全国代表大会上当选为理事。《晚饭花集》由人民文学出版社出版。六月，随中国作家代表团访问香港。

1986年，六十六岁，秋天，又一次回到故乡高邮。

1987年，六十七岁，四月，随中国作家代表团赴云南访问。《汪曾祺自选集》由漓江出版社出版，九月，《寂寞和温暖》在台湾新地出版社出版。十月，应安格尔和聂华苓夫妇之邀，赴美国参加"国际写作计划"活动，历时三个月。

1988年，六十八岁，三月，论文集《晚翠文谈》由浙江文艺出版社出版。九月，《茱萸集》由台湾联合出版社出版。

1989年，六十九岁，一月，《北京文学》与台北《联合文学》采取同步行动，同时出版汪曾祺作品专辑。

1990年，七十岁，中国文学出版社的《熊猫丛书》出版了英文版的汪曾祺短篇小说集《晚饭后的故事》。

1991年，七十一岁，五月，《蒲桥集》由作家出版社再版。十一月，《汪曾祺自选集》易名为《受戒——汪曾祺自选集》由漓江出版社再版。

1992年，七十二岁，四月，散文集《旅食集》由广东旅游出版社出版。十月，《汪曾祺小品》由中国人民大学出版社出版。十二月，《中国当代作家选集丛书：汪曾祺》由人民文学出版社出版。

1993年，七十三岁，这一年是汪曾祺著作出版最多的一年，计有《菰蒲深处》、《榆树村杂记》、《塔上随笔》、《老学闲抄》、《汪曾祺文集》等众多小说集、散文集出版。《汪曾祺文集》出版后受到读者热烈欢迎，第一版三千套一销而空，两年内连续重印三次，后荣获江苏省人民政府颁发的第三届文学艺术奖。

1995年，七十五岁，春，应台湾《联合时报》邀请，赴台参加“两岸三边文学问题座谈会”。十二月，在中国作家协会第五次全国代表大会上被推选为顾问。

1997年，七十七岁，五月，赴四川参加文学笔会。原定五月上旬来南京接受江苏电视台《大写真》编辑的电视采访，然后再到浙江参加一个文学活动，但五月十二日深夜突然发病，吐血不止，连夜送入友谊医院抢救，经诊断为因肝硬化引起的食道静脉曲张而造成的弥漫性出血。五月十六日十点三十分终因抢救无效而不幸去世，终年七十七岁。